治史入门

戴逸 ——— 著

中国人民大学出版社
· 北京 ·

目　录

历史研究的方法

以清史和近代史研究为例

历史学家的成才之路

史家风范

我的治学生涯

历史研究的方法

历史研究的方法[*]

研究工作并不是专业研究者所独有的。同学们将来无论做什么工作，是做教学工作，做研究工作，还是做其他方面的工作，如文化、出版工作，恐怕各行各业都要进行研究，都要研究问题。

我讲的研究方法是具体的研究方法，不是指世界观、方法论的方法。因为我们的根本方法是唯物辩证法，是马克思主义的辩证法，辩证法是指导我们革命，指导我们做学问，指导我们一切工作的根本指针。具体方法是离不开根本方法的，是由根本方法决定的，是不能违反唯物辩证法的。

我们做任何事情，完成任何任务，都有一个方法问题，因此我们进行研究也有个方法问题。打个比方，我们要过一条河，可以坐船过去，或者从桥上走过去，或者游泳过去。要完成一件工作、一项任务，方法可以是各种各样的。如果方法不对头，就容易走弯路，影响任务的完成，劳而无功。学术研究也是这样，要讲究方法，要改进我们的方法。什么是好的方法，什么是不好的方法，这个问题是相对的，因人而异，不是绝对的。某种方法对我来讲，比较适合，可以收到较大的效果，这就是好方法。可是适合我的方法，对你就不一定完全适合，因为研究的对象不同，或研究的范围不同，采取的方法就可能不同。别人的研究方法可以供自己参考，但仅仅是参考，仅仅是借鉴，不能够完全照搬别人的方法。因此，根据我的体会，每一个研究工作者都应当在自己的研究实践中寻找适合自己的方法，摸索自己的研究道路，形成自己的研究风格。

研究各种各样的问题，所采取的研究方法不一定完全一样，但

* 原载《铁道师院学报》，1991年第3期。

是研究方法是有共性的,都要符合研究工作的规律,都不能违背科学研究的规律。今天我讲三个问题:第一个问题,怎样收集和积累资料;第二个问题,怎样锻炼和提高思考能力;第三个问题,怎样写文章。这三个问题,实际上是我们做研究工作的三个步骤。

一、怎样收集和积累资料

进行科学研究,一定要掌握大量的第一手资料。我们的研究要从事实材料出发,而不是从定义、概念出发,要实事求是。有一位著名的科学家曾经说过,事实材料对于研究者来说就像空气对于鸟一样:没有空气,鸟就不能起飞;没有事实材料,研究者就不能进行科学研究,就不能筑起辉煌的科学殿堂。

事实材料是大量的,而且是分散的。"二十四史"浩如烟海,有3 000多卷,但是对我们历史研究工作者来说,"二十四史"只是最基本、最普通的材料,其他的材料还多得很。就拿清史来讲,一部《清实录》的数量就超过"二十四史",有4 000多卷。《清实录》是二手材料,还不是第一手材料。现在藏在中国第一历史档案馆的清代中央机构的原始档案一共有1 000多万件,仅管理这些材料的人就有200多。他们出了一个刊物,名字叫《清代档案资料选辑》,每年出4期,照这样的速度,如果要发表完这些档案,至少要10 000年。可见其档案之多。除档案以外,还有很多资料,如文集、地方志等。我们一辈子搞研究,一辈子在无边无际的材料海洋里漂浮,夜以继日,勤奋努力,怎么用功也只能窥测到大海的一个很小的角落。一个人要把中国5 000年的历史全部进行精细的研究是不可能的,即使要把清朝这一朝的历史进行精细的研究也是不可能的。一个人穷一生之力,也只能看到大海的一个角落。因此,在这个大海中航行,首先有个目标的问题,也就是研究的方向、研究的范围问题,不能笼统地说研究中国历史,而只能说研究中国历史的哪一段、哪些问题、哪些方向、哪个题目,所以首先有个选题问题。

除了选题问题，还有个收集材料、积累材料的方法问题。怎样收集那么丰富但又杂乱无章的材料，怎样保存和使用它们？

材料的收集，不能单靠记忆。一个人的记忆力总是有局限的，总是不能那么准确。连很复杂的数字也能记得一字不差，恐怕没有这样的天才。收集材料要使用卡片，卡片的作用、功能是帮助我们记忆，一定要把有用的、重要的材料抄录下来，搞研究工作的人，一般都写卡片或者做笔记，至于将来可能用电脑，但是目前我们的科学技术条件，恐怕在相当长的一个时期内还很难做到这一点。在可以预见的将来，写卡片仍然是做学问的一种重要研究手段。

卡片可以分为两种。一种是材料卡片，有了研究的题目，阅读相关研究范围内的重要材料，把它们写下来，记录下来，然后注明它们的出处和作者，以便将来引用。有的材料可能相当长，还要加上标题说明这个材料讲的是什么主题。这样，拿出卡片一看标题，就知道这张卡片所讲的是什么内容了。

搞学问，从事研究工作应该很勤奋。实际上，我们很多的时间都花在写材料、抄录材料上，恐怕这也是必需的，目前还没有其他捷径。找老专家、老教授，问他们如何进行科学研究，他们可能搬出几箱卡片给你看，这里包含着他们毕生的心血和积累。对一个学者来讲，这些材料十分珍贵。

另一种是思想卡片，不是积累材料，而是积累自己的思想。我们往往看到一些材料以后，会有一些片断的、零碎的想法，应该立即把它们记录下来，因为思想的火花稍纵即逝，如不及时记录下来，以后就可能忘记。这样日积月累，对很多问题就会有比较系统成熟的看法。

写卡片要注意两点。第一是要抄材料，但不要光抄材料，变成抄公文。要开动脑筋想问题，养成一边看书、一边思考的习惯。不要一进图书馆，翻开书本就抄，还要用自己的脑子好好考虑考虑，要用自己智慧的光芒照射这些材料，进行分析、思考、总结、概括。这对我们进行研究是很重要的。另外，卡片要经常翻阅、整理，不要抄了以后就束之高阁，不过问了。要经常看，而且要进行分类整理。卡片相对于笔记本的优越性就在于可以重新分类，根据不同的需要、按照不同的分类方法重新编排，可根据时间顺序，也可根据内容，或者根据地区进行分类。

分类整理的过程，就是思考的过程。把同类材料放在一起，就有个比较，就可以看出发展变化。世界不是孤立的世界。从1张卡片可能看不出问题，但如果是10张、20张卡片，甚至更多的卡片，它们所反映的是一个发展的过程，不是一个孤立的事件，相互之间比较，就可以看出问题。譬如说，我们研究粮食的价格，清朝皇帝对地方官有个要求，要求经常上报当地的粮食价格。故宫里粮价单非常多，这就可以进行研究。康熙十年，苏州地区粮价是多少，仅1张卡片是看不出问题的。如果把苏州地区的很多粮价单集合起来，康熙十年是一个价，康熙五十年是一个价，雍正时是一个价，乾隆时又是一个价，连续起来，几十年、上百年，那么它们所告诉你的就不是一个孤立的事件，而是一个粮食价格的变动过程。把这些卡片集中在一起，就可以看出苏州地区有清一代粮食价格的变化，甚至可以画出图表。这就是我们进行研究工作的开始，就可以进一步问：是什么原因造成粮食价格变动？是自然的原因还是社会的原因？上涨和下降的幅度为什么这样大？就可以探讨规律性的东西。这就向我们提出了研究的课题，是一项很有意义的研究工作。

把同类卡片放在一起进行比较，有时可以发现一些矛盾。如太平天国金田起义的日期，把凡是记载太平天国起义开始的材料放在一起，就可以看到几十种说法。金田起义日期现在一般公认为1851年1月11日，但是一些相当权威的说法却与此不一样。比如，李秀成的说法、洪仁玕的说法、赖文光的说法等。李秀成、赖文光都是一开始就参加起义的人，洪仁玕也是太平天国的元老，他们的说法就不一样，有的竟相差半年之久。为什么不一样？这就值得研究。太平天国起义究竟在什么时候？当然我们经分析，定在1月11日是有道理的，问题是这个道理是否充分。近代历史上像这种问题还有很多。比如，同盟会成立的时间。1905年秋，这是肯定的，但究竟是几月几日？有几种说法。兴中会的成立时间也有几种说法，甚至当时参加的人都记不清了。我曾亲自问过吴玉章，他是参加1905年同盟会成立会的，但他也记不清了。那么，我们就要在众多不同的记载中进行比较，以确定相对合理的说法。

二、怎样锻炼和提高思考能力

思考是研究工作中决定性的环节。我们搞的是精神活动、意识形态。一定要勤于思索，善于分析，提高自己的思考能力。

我们进行研究，当然需要大量丰富的材料，没有大量的材料，没有很充分的第一手材料，就不能进行科学研究。掌握材料是前提，但材料掌握得很多，如何来进行分析，如何驾驭这些材料，这又是一个问题。有的同志，虽然材料掌握得很多，但对材料的思考、分析进行得不够，因此不能深入历史的本质，不能揭示历史的规律，而只是停留在罗列、排列材料的水平上。这不能算是很好地完成了科研任务，没有进行科学的概括，没有进行科学的抽象，仅停留在材料的表象上。

孔子曰："学而不思则罔，思而不学则殆。"这是讲学与思的关系，光学习而不思考，只埋头于收集材料而不进行思考，就不会有重大的收获，就不会有重要的科研成果；反过来，只在那里想而不去读书，不去收集材料，那就成为空谈家、空想家，同样也不行。所以，学与思要兼顾。资料的收集和储存都是非常重要的，但不能代替我们创造性的思考。攀登科学的高峰，必须要开动脑筋，必须要发挥我们的思辨能力，因此对刚刚在科学研究道路上起步的同志来说，要养成思考的习惯，锻炼思考的能力，这是一个非常重要的问题。

一般地说，让大家看材料做卡片，都容易理解。到图书馆坐下来，确定一个研究范围之后，开始看书，这是比较容易做到的。只要用功，只要有志于进行研究，就可以做到。但要求开动脑筋思考问题，就不知从何下手。怎么思考？怎么提高自己的思考能力？最重要的就是经常阅读那些富有思想内容的名著，主要就是马恩列斯毛的著作，还有历代思想家的著作，向这些经典大师学习，取得思想武器。

我们读书，不能一头扎进材料而不读理论书，必须重视理论。读马克思的《资本论》、恩格斯的《反杜林论》或毛泽东的著作，就会被一种思想的力量所吸引。只要认真读，就会感觉到这些书里蕴藏着高度的智慧、深刻的洞察力。我们所要学习的，就是这样一种思考的能力。向马列主义经典著作学习，就是要学习这种思想武器。马列主义是科学的思想，是总结了人类智慧的最高结晶。它给我们的一个重要武器就是，处理问题、研究学问、提高自己的思考能力的方法。思考能力并不是天生就有的，而是需要锻炼的。锻炼的方法，就是读这种富有思想内容的书籍。学习这些经典作家是如何观察问题的，他们对一个问题的处理与考察是怎样进行的。要学习这种方法，所以我们一般讲，要学习马克思主义的立场、观点、方法，以马克思主义为指导，掌握精神实质。当然，每个专业都有自己的课程，但是各个专业有一门共同的课程，就是马列主义。因为它是一门锻炼思想，提高我们的分析能力、思考能力的科学，也是我们进行创造性思考所不能缺少的思想武器。除马列主义经典著作，其他重要的古典著作，像哲学的、历史的、文学的、经济的、法学的等，我们也应该读，用来开拓自己的知识面。

注意扩大我们阅读的范围，关心理论界、学术界的新成果。历史系要培养历史学家，当然历史课程是主要的课程，历史书籍是主要阅读的书籍，但所谓专家，不是知识面非常狭窄，仅仅限于一个专业、只注意鼻子底下一点点东西的人，而是具有比较丰富的知识的人。专与博这一对矛盾的统一要处理好。我们的专是在有丰富知识基础上的专，只有知识渊博，我们才能思路开阔，这是培养与提高我们的分析能力、思考能力的一个不可缺少的条件，只有博才能促进专。如果只读专业领域的书，专业以外的书一概不读，这就限制了知识面，也限制了思路。专与博相反又相成，是辩证的统一。专是在丰富知识基础上的专，博也是有一定专业方向的博。有人说，马克思就像一艘待发的军舰，任何时候都可以开到任何知识的海洋，在任何知识的海洋中都能进行战斗，都能进行研究，都能进行工作。这就是说马克思的知识非常渊博，他的思想非常敏锐，洞察力非常深邃。当然，像马克思这样拥有如此渊博的知识，我们还做不到，但他是我们学习的榜样，我们应该向这样的方向去努力。

因此，一方面阅读马列主义经典著作，一方面阅读其他各方面的书籍，开阔我们的视野，经常用人类的优秀成果培育自己、武装自己、提高自己。如果不这样，就会变得头脑麻木、鼠目寸光，就会失去理论上的、思想上的敏锐性，思考能力就会变得迟钝。如果问怎样才能发展思考能力，怎样才能锻炼我们分析考虑问题的能力，我认为，要提高我们的思考能力，最重要的方法就是学习哲学，阅读有丰富内容的各种书籍，读名著。我们在高等学府，应该读一些第一流的书籍，而不只是一般的普及性书籍，大学生要学习最高的榜样、思想的榜样。我们要多方面提高思考能力，养成思考的习惯。科研工作最大的困难就是思考问题、分析问题，能否成功，最大的关键就在于此。

有的同志说，材料掌握了很多，也看了，但就是思考不行。其实思考能力强不是天生的，而是锻炼出来的。我们在学习阶段，就是要培养独立思考的能力。高等学校的一个很重要的任务就是，教会学生如何思考。锻炼之初，思考境界不可能非常高。如果不去锻炼，不去培养，思考能力就不可能发展，反之则会逐步提高。只要持之以恒，独立思考，不人云亦云，进行一种创造性的思考，时间长了就一定会有成绩。王国维先生是19世纪末20世纪初的一位大学者，在史学上成果很大，研究诗词，哲学成就很高。他在《人间词话》里曾引用了三句词，代表做学问的三个阶段、三种意境："昨夜西风凋碧树，独上高楼，望尽天涯路"，"衣带渐宽终不悔，为伊消得人憔悴"，"众里寻他千百度，蓦然回首，那人却在灯火阑珊处"。第一句比喻研究学问的初期，碰到问题、挫折，思考之后仍茫茫然不得要领，思考不能深入，很苦恼。第二句代表第二个阶段，比喻艰苦地努力读书，进行思考，人瘦了衣带也宽了，但仍孜孜不倦。第三句代表第三个阶段，比喻付出了长期艰苦的劳动，终于取得了收获。这是王国维所讲的做研究的三种境界。

所以，科研之初有苦恼，感到难以深入，是正常现象。只要持之以恒，不断改进研究方法，就会有长进。做学问不可能一帆风顺。没有困难和问题，反而不正常。经过艰苦的钻研，然后取得研究成果，这是正常的过程。在研究过程中，如果难以深入，大致有以下几种情况：（1）材料不多，收集得不丰富，了解历史事实、过程不充分；（2）没有很好地开动脑筋，苦苦思索；（3）材料有了，也经过思考，但是限于理论和思想水平，无法提高。

三、怎样写文章

我们收集了材料，进行研究后，也形成了观点，还有一个表达的问题，或是写文章，或是口头表达讲授课程。研究和表达不一样。研究要求深入，客观事物的联系是多方面的，要尽可能把这些联系都掌握住，以揭示事物的本质，这是研究。但是表达与之有所不同，它是用很明了的方式把很复杂的问题描述出来，使读者明白。一个很复杂的问题，表达时不能拖泥带水，也不能搞得深奥莫测。当然有很多科学问题，难以用简单的方式表达，但必须能让别人看懂，让人家了解、接受。有的同志可能很有学问，研究也很有成就，但文章未必写得很成功。

写文章必须有几个要求：（1）文字要通，基本的文法、词汇能够应用。（2）观点鲜明，主张什么，反对什么，不能含糊，文章的含糊实际上是思想上的含糊。（3）准确，用词、概念、判断要求恰如其分，不夸大也不缩小，概念上不能混乱或跳跃，不能是片面性的、表面性的，而要准确、科学地说明事物。（4）精练，要求用比较小的篇幅、较少的字数表达比较丰富的内容，而不是相反。文章写得尽可能短一些，字数尽可能少一些，不要说很多空话，也不要说些套话，与主题关系少的可有可无的话，最好都删掉，要舍得删改文章，要反复地读，反复地改，反复地删，否则文章容易变得很庞杂，枝蔓多。（5）生动，文章要生动，不要干瘪，历史上有许多人物，有许多具体的情节，可以写得很生动，在不损害科学性的前提下，力求写得很生动，但不是编故事。我觉得，写文章应该有以上五个要求。

写文章要用心，不能粗心大意、马马虎虎。一篇精彩漂亮的文章，总是惨淡经营的结果。读者读起来非常舒服，如行云流水，但作者是非常艰苦的。曾经有种说法，叫作"文不加点，一挥而就"。才思敏捷的人是有的，但我想他们写文章写得快，可能是有腹稿，经过了思想的酝酿。我们一般人写文章，还是提倡字斟句酌、慢一点，要反复琢磨、反复推敲，一句话、一个字也不放过。特别是初学写文章的人，更要注意字斟句酌、反复推敲。有的文章，一眼就可以看出来，作者写完后可能连自己都没有好好看看，没有反复推敲，精打细磨。有人说写文章是呕心沥血，马马虎虎、粗心大意是写不出好文章的，的确如此。不仅写研究性文章是这样，写其他任何文章都要养成一种好的习惯、好的写作作风。写十篇粗糙的文章，不如写一篇好文章，要重质量，不要只重数量。只有养成推敲的习惯，才能写出有质量的文章。"宁肯少些，但要好些"，这是列宁的话，写文章便是这样。宁肯写得少一些，但要质量第一，这样写作，持之以恒，慢慢地写文章的速度就可以加快。

学术研究的步骤 *

科学研究，一般说来要经历几个步骤。

第一步是选题，确定研究的题目、范围。科学知识是个无边无际的海洋，在海洋中航行，必须要有明确的目标和方向，以便在一个相对集中的领域投入力量，进行深入的研究。

第二步是收集材料。科学研究要从事实材料出发，而不是从定义、概念出发，必须收集丰富的第一手材料，并加以整理、鉴别、筛选、考订。在材料上要下扎实的功夫，没有大量的、确凿的第一手材料，就不可能建立起辉煌的科学殿堂。

第三步是分析思考。要对收集来的材料进行思考，对材料进行由此及彼、由表及里、去粗取精、去伪存真的分析思考，把智慧的光芒投射在杂乱无章、没有条理的材料上，对其进行科学的概括、科学的抽象。

第四步是写文章，也就是把研究成果表达出来。研究的方法和表达的方法不完全一样，研究是深入的过程，越深入越好；而表达则要求浅出，让别人理解、看得懂，不仅看懂，还要引起读者的兴趣。这样就要讲究条理性，讲究文采。

这里着重谈谈第三步，即分析思考。科学研究是精神领域中的创造活动，探索未知的领域，揭示事物的本质，必须开动脑筋，把思想和材料结合起来，把理论和实际结合起来。

许多科研工作者常有一个苦恼的问题，就是怎样进行分析思考。

---

　　* 原载《学者谈艺录》，北京，中国人民大学出版社，1992。原标题为《研精覃思知远识微》。

思考是一种能力，必须经过刻苦锻炼才能够提高。当我们掌握了大量材料以后，怎样来分析它，这是很大的问题。一个历史学家收集了大量材料，如果不能进行深入的分析，只是罗列排比材料，还不能算很好地完成了科研的任务。要攀登科学的高峰，必须有创造性的思考。因此，在科研道路上刚刚起步的青年人，要非常注意提高思维的能力，养成思考的习惯。

怎样提高思考能力？很重要的一条是大量阅读有思想内容的著作，阅读马克思、恩格斯、列宁、毛泽东的经典著作，如马克思的《资本论》，恩格斯的《反杜林论》，毛泽东的《实践论》《矛盾论》，等等。如果认真去阅读，必定能从中感受到一种巨大的思想力量在吸引着你，感受到一种高度的睿智、一种深刻的洞察力。学习马列主义，就是要领会其精神实质，学习它分析问题的立场、观点、方法，来提高自己的思维能力。以马列主义作为指导，并不是说马克思、恩格斯、列宁、毛泽东的每个结论都不能改变，恰恰相反，随着历史的发展，经典作家所做的个别结论，如果确已不符合客观实际，就必须改变。重要的是掌握精神实质，提高思维能力。我们搞科学研究，每一门专业都有自己的专业课程，但有一门共同的课程就是马列主义。可能经典作家的著作中并没有谈到你从事的专业方面的内容，但你仍然必须学好这门共同的课程，因为它教给你思考分析的理论和方法，它能提高你的思想境界和思考能力，这些都是进行创造性科学研究所不能缺少的。

除了马列主义经典著作之外，其他的名著，不论中外古今，不论哲学、历史学、经济学、法学、文学以至自然科学，作为一个高层次的科研人员都应该广泛阅读，努力开拓自己的知识面，这也是锻炼思维能力的很好的方法。尽管工作很忙，教学和科研任务很重，还是要挤时间广泛阅读，博览群书，对学术界、理论界的新成果、新动态保持兴趣。我们提倡培养专家，但不是知识面非常狭窄，只注意鼻子底下一点小事的专家。专与博是一对矛盾，应该统一起来。专，应该是在广阔知识基础上的专，只有知识渊博，才能思路宽广，才能提高观察和分析问题的能力，而博能够促进专。博和专，表面上看是矛盾的，实际上是矛盾的统一，是相辅相成的。如果死钻牛角尖，如果攻其一点，不及其余，如果不读专业以外的一切书籍，使自己的知识面变得非常狭小，这样做，你实际上也专不下去。有人曾形容马克思像一艘升火待发的军舰，随时可以驶向任何知识领域的海洋。这是说马克思的学识渊博，可以在任何知识领域中工作和战斗。当然，像马克思那样博学，我们做不到，但是应该以他为榜样，经常用人类各方面的优秀文化成果来武装自己，充实自己。否则，我们就会逐步地变得头脑发木、鼠目寸光，就会失去理论的敏感性，思想就会变得迟钝起来。

如何培养思维能力？要学哲学，要读马列的书，读古今中外的第一流名著。我劝大家不要专门阅读和模仿第二流、第三流的作品。我并不是贬低普及性的著作，而是因为你们已是大学教师，已是高级人才。"欲穷千里目，更上一层楼"，应该阅读更多高层次、高水平的书，才能站得更高，看得更远。中国有句成语："志乎上者，仅得乎中。"如果你努力以第一流著作为榜样，可能只达到中等水平。如果你经常阅读和模仿二、三流作品，那就肯定达不到最高水平。有抱负的科研工作者应该向最杰出的思想家和学者们学习。

开动脑筋，分析思考问题，要有个艰苦锻炼过程。我在青年时代也有一段苦恼和探索的经历，往往收集了不少史料，但思考深入不下去，形成不了像样的意见或观点，缺少思想的火花，对此深感苦恼。我曾做过一些探索，来锻炼自己的思维能力。20世纪50年代，《人民日报》《红旗》常有社论和好文章，篇幅很短，却写得很精彩，有些是学术性很强的文章。拿着它的题目，自己也写一篇。根据当时的形势和一定的材料，自行构思，如何展开，如何论证，以至段落、词句都想好。当然很费时间，很费脑子，构思完毕，再回过头来读报纸刊物上的文章，进行比较。不比不知道，一比吓一跳。一看人家是从这样的高度来认识问题，而我则达不到这样的高度，比出了思想上的差距，还有学识、逻辑能力、文字上的差距，比出了自己的弱点，体会就比较深了。这种锻炼思维能力的方法，虽然比较笨，又很费时间，要绞尽脑汁，但收获很大，锻炼了研究和写文章的能力。有的同志文章写得很长，非十万言不可，但内容不多，充满着陈言套语或大段的引文。没有经过透彻的思索和艰难的推敲，就写不出高水平的文章。只有研精覃思，才能知远识微，这是科研工作的关键。

当然，分析思考并非易事，要艰苦锻炼，循序渐进，逐步提高。往往面对一大堆材料，考虑了半天，也想不出个所以然，这种情形是很自然的。如果搞科研都是一帆风顺，没有一点困难，反倒是不正常的。遇到困难，不可灰心，也不必苦恼，继续努力，持之以恒，必有成效。

王国维先生曾引用三句宋词，以说明做学问的三个境界。

第一句，"昨夜西风凋碧树，独上高楼，望尽天涯路"。这句比喻研究学问的最初阶段，遇到许多问题，经历许多挫折和困难，很苦恼，茫茫然不得要领，没有头绪。这是做学问的第一个境界，开始搞科研必然会碰到这种情况。

第二句，"衣带渐宽终不悔，为伊消得人憔悴"。这是第二个境界，做学问深入不下去，感到苦恼，但并不灰心丧气，仍然勤奋钻研，苦学苦想，努力不懈。人瘦了，衣带宽了，还是不改悔，兴致勃勃，干劲十足地坚持研究。

第三句，"众里寻他千百度，蓦然回首，那人却在灯火阑珊处"。这是第三个境界，好像灯火之夜，寻找自己的心上人，一百次、一千次都寻找不到，突然回头，她就在灯火零落的地方。这原是描写爱情的词，王国维先生用来比喻研究学问，经过长期艰苦的努力，豁然贯通，取得成果。

可见科学研究是循序渐进的过程，只要坚持努力，勤奋追求，就能逐渐进步，达到对真理的认识。

在科学研究中，分析考虑深入不下去，思想枯竭，点子不多，有各种各样的原因，大体上有三种情况。

第一种情况，材料不充分，事实过程不清楚，若干细节不了解，当然就做不出结论。思想观点是从事实中抽引出来的，事实材料不够丰富，就不可能形成观点。

第二种情况，没有开动脑筋，思想上懒惰，这是研究学问的大忌。如果不进行积极的思索和独立的判断，捧着一大堆材料，也看不出问题，得不到良好的研究成绩。

第三种情况，有了材料，也经过了思考，但由于理论水平、思想水平的限制，同样也不能形成自己的见解。这种情况就需要注意锻炼和提高思维能力，提高理论水平，这对每一个科研人员来说都是十分关键的问题，必须很好地解决。

研究历史的重要资料——日记[*]

"日记"是个人把经历、见闻和思想按日记录下来的一种资料，在历史学、文学或书法方面有重要的价值。

中国最早的日记有唐代李翱的《来南录》。

宋代，很多官吏和知识分子写有日记，如欧阳修的《于役志》、路振的《乘轺录》、周必大的《亲征录》、陆游的《入蜀记》、范成大的《吴船录》等，但宋人的日记很多已散失。

元明两代，写日记的人更多，如郭畀、张瑄、杨一清、潘允端、祁彪佳、张煌言、谈迁等。

清代的日记，篇幅和种类很多，已知的有 800 多种，还有很多藏在全国各地的稿本和抄本。

日记的内容都是综合性的，但由于作者的经历、职业、爱好有所不同，所记的内容也有所侧重，大体上有以下几类：

第一，政治的。如晚清的《翁同龢日记》、赵烈文的《能静居日记》、居正的《梅川日记》。

第二，经济的。如《张謇日记》《汪锡麒日记》《沈宝禾日记》。

第三，文化艺术的。如《王渔洋日记》、钱大昕的《竹汀日记》、李慈铭的《越缦堂日记》、王闿运的《湘绮楼日记》、叶昌炽的《缘督庐日记》。

第四，军事活动的。彭旭的《江西守城日记》、谭嘘云的《守虞日记》、唐景崧的《请缨日记》、聂士成的《东征日记》。

第五，旅行日记。高士奇的《扈从东巡日记》、钱良择的《出塞纪略》、洪亮吉的《伊犁日记》、张维屏的《桂游日记》。

---

* 原载《语冰集》，南宁，广西人民出版社，1999。

第六，外交日记。张喜的《抚夷日记》、曾纪泽的《出使英法日记》、薛福成的《出使英、法、意、比日记》、李凤苞的《使德日记》、张荫桓的《三洲日记》。

作为研究历史和人物的资料而言，日记记载的范围广泛，内容丰富，生动具体，比较真实可靠，可以补充和纠正其他材料的遗误。但也有不少日记，因为作者见闻有限，或因为政治上的隐讳，史料价值不高，甚至有的日记歪曲了事实，如袁世凯的《戊戌日记》。

目前正在调查、整理各地所藏日记的稿本、抄本或稀见刊本（如《吴大澂日记》《徐兆玮日记》，篇幅很多均未刊印；《郭嵩焘日记》刚刚出版，十六家汇刻正在编辑），由于日记的种类甚多，篇幅很大，浩如烟海，加以原稿残缺不全，字迹潦草，不易辨认，故整理、出版的困难很大。希望今后能加快速度，使这些具有历史和艺术价值的珍藏及早公之于世。

漫谈"口述历史"*

　　历史是人类对过去经历的回忆和反思。上古先民也会有这种回忆和反思，他们在狩猎耕作之余，也会思念与议论祖辈、父辈或自己这代人所经历的欢乐和艰辛。不过这种早期的历史认知都是片断的、限于本族群小范围内的，而且历时愈久，印象愈是模糊、淡褪以至完全遗忘。在人类发明文字以前，一切信息都只能靠口耳相传（稍后以结绳记事为辅助）。从这个意义上说，最早的历史知识应该都是"口述历史"。在上古时代，这类"口述历史"一定十分丰富并广泛流传，成为先民们的宝贵知识，也是指导他们生活和行动的指南。

　　上古先民用口头语言把过去的人和事讲述出来，后来的人又把所闻所知讲授给下一代。用口传述，用耳听取，用脑记忆，口耳相传有许多人参与，有许多年代传承，时间一久，传述的内容不可避免地会变形，记忆难免有差错，口述难免不准确，代代复述者添加自己的想象，夸张甚至虚构。通常，上古先民会把自己幻觉中的神灵世界与现实生活混为一谈，人的故事变成了神的故事。越到后来，传说离原来的事实越远，以至变得面目全非。历史传说往往被涂上神灵的圣光，成了荒诞不经、难以置信的神话。盘古开天地、女娲补天、后羿射日、共工怒触不周之山，这些看似匪夷所思的古代神话，可能包含先民活动的真实信息，但我们难以解读它们的真实含义。

　　文字的发明和应用是人类发展史上的伟大里程碑，是文明史的开端。文字把人类的事实经验从口头变成文字。文字历史一旦形成，

＊　原载《口述历史》，第2辑，北京，中国社会科学出版社，2004。

就可以长期保存下去，不再走样，后人一般不可能对文字历史随心所欲地加工和篡改，也较少可能发生相反含义的解读，于是得以使事实经验按照原始的样式确定下来。只有事实经验得以确定和流传，才有可能诞生历史科学。

历史科学的生命力在于真实性。真实性的依据是确定的事实。上古先民的"口述历史"，由于在流传过程中事实内容时有改变，普遍地扭曲、神化，失去了真实性，故不是历史，而是史前的神话传说。故司马迁说"百家言黄帝，其文不雅驯，荐绅先生难言之"。《史记》一书较少采择史前神话传说。

文字历史已经产生了几千年之久，它能比较真实地记录和保存人类的事实经验，这样才产生了包括历史学在内的许多门类的知识。它对认识自然、社会、人类自身以及推动社会进步起着巨大的作用。

社会在不断进步，人类的认知能力和手段也在不断发展。现代社会产生了录音和录像技术，使得记录、保存、传播历史知识也取得重大进步，现代的"口述历史"应运而生。过去，人们将耳闻目睹的历史笔录下来，成为书面历史，但是笔录者只能录其梗概。从前历史学家奉"文省事增"为概写历史的准则，但文字过于简略，就不可能把历史过程的细节详细地记录下来，就会有简化、省略、遗漏及错误的地方。而录音则能保存耳闻目睹者原始的叙述，每字每句毫无差错，连语气口音都不会走样，而录像更能保存口述者生活和行动的某些片断形象，使后人与原始口述者几乎零距离。"口述历史"正是在这种条件下得以蓬勃发展，得到全世界历史学界的认同的。

"口述历史"至少有以下几个优点：

其一，可以扩大提供历史信息的范围。人民群众是历史的参与者和创造者，他们或多或少地了解历史的某些片段，但文化水平低下，不能直接把自己知道的历史信息写出来。如果没有"口述历史"，许多文化水平不高的普通老百姓就难以提供他们所见所闻的重要历史情节。这些历史情节只能湮没不彰。"口述历史"可以如实记录他们的谈话，保存原始的记录，使广大群众直接或间接参与历史的撰述，极大地扩充历史信息的来源。

其二，可以改变以往只重视政治史、军事史、外交史、宫廷史以及帝王将相、英雄豪杰的历史，可以收集到底层社会和普通人民活动的史料。每一个社区、每一个群体都有各自的经历，每一个普通人都有自己的喜怒哀乐和坎坷经历，小单位和小人物的历史可以反映大的时代特征，使历史学的领域更加拓宽，向着文化史、社会史、风俗史、心理史的领域伸展开去。

其三，可以留下更真实、更具体、更生动的历史场景。"口述历史"的内容大都是口述者亲身经历、耳闻目睹的事迹，具有真实性、权威性和鲜活性，不会道听途说，辗转相传。读千百种胡适的传记，还不如读一部《胡适口述历史》，因为亲身经历者所述说的环境、所讲出的细节、所体验的感情、所刻画的心理往往是别人不易领会到的，比从许多间接材料搜集拼凑的传说更加真实、具体、生动。

其四，现代"口述历史"和上古先民时代的"口述历史"不一样，它是应用录音或录像设备，把原始材料完整保存下来，再整理成稿，整理工作有严格的要求和规范，不允许夸大或删改，更不允许虚构、伪造，也不会发生误读或讹传。整理好文稿以后可以和录音、录像的记录一一进行核对，可以查实求证，因此它更可信。

"口述历史"是历史科学园地中新近绽放的鲜花，它还年轻、稚嫩，有待护持、改进、发展。但它具有强劲的生命力，必将在记录和传承人类历史知识、推动文明进步方面做出更重大的贡献。

以清史和近代史研究为例

谈清史研究 *

近年来，清史的研究发展很快。发表了许多论文，出版了许多著作，编辑了许多资料，召开了各种类型的学术讨论会，研究队伍也在逐步扩大。这是十分可喜的现象，是十一届三中全会以来，经过拨乱反正，历史学界欣欣向荣的表现。

清史研究，顾名思义，就是研究有清一代的历史。它的范围应从 1644 年（清顺治元年）清朝入关至 1911 年清朝覆亡为止，共 268 年。不过，清史的上限，不能仅起于 1644 年。这一年，清兵入关，开始建立全国性的统治。在这以前，还有一段满族兴起、奋斗、创业的历史，也属于清史的范围。早在 1616 年（明万历四十四年），努尔哈赤就建立了后金政权，至 1636 年（明崇祯九年）皇太极改国号为"清"。清朝，作为我国少数民族建立的地方政权，早在它入关以前就存在了。

习惯上，中国古代史截止于 1840 年（清道光二十年）鸦片战争。因为这一年外国资本主义武装入侵中国，使封建的中国逐步变成了半殖民地半封建的中国。从社会性质讲，鸦片战争前后是根本不同的。可是，清朝的统治到 1840 年还没有结束，因此，清史的下限也不能到此为止，应该延续到清帝退位。所以，清史实际上包括两种社会形态，既包括中国封建社会的末期，又包括半殖民地半封建社会的前期。

中国历史十分悠久，每个朝代都有生动丰富的内容，都值得很好地学习、研究。但是，清朝的历史，时间很长，达近 300 年之久，又离我们今天很近，和现实息息相关，对我们特别重要。在清代历

* 原载《文史知识》，1983 年第 3 期。

史上，有许多为救国救民而流血牺牲的英雄志士，他们坚持反对外国侵略、争取民族解放的光辉业绩，是我们进行爱国主义教育的好教材。今天，我们社会生活中的许多问题，都有它们的来龙去脉，如果要做详细的了解，都要追溯到清代。譬如，改革开放后，我国人民致力于开创社会主义现代化建设的新局面，以彻底改变我国贫穷落后的面貌，但是，中国的贫穷落后是怎样造成的？这就不能不追溯到清代历史，追溯到帝国主义和封建主义的侵略与压迫。如果不了解这段历史，就难以懂得为什么曾经处在古代文明国家前列的中国后来却落在世界其他国家的后面。又譬如，要建设高度的社会主义精神文明，必须批判地继承我国的历史文化遗产，清代近 300 年间涌现了大批政治家、军事家、思想家、文学家、科学家，有丰富的斗争经验和灿烂的文化成果，必须细致地进行分析、研究，才能取其精华、弃其糟粕，推陈出新，古为今用。

总之，清史研究是非常有意义的。一个国家、一个民族如果忘掉了自己的历史，就不能存在和前进。我们研究昨天，正是为了今天和明天。毛泽东说过："指导一个伟大的革命运动的政党，如果没有革命理论，没有历史知识，没有对于实际运动的深刻的了解，要取得胜利是不可能的。"①

那么，应该怎样学习和研究清史？

首先，应对近 300 年的清代历史有一个总的认识、概括的了解，可以把清代历史分成五个段落，每个段落都有特定的内容。

第一个段落，从 1583 年（明万历十一年）努尔哈赤起兵到 1644 年清朝入关，共 60 年。居住在我国东北地区的满族开始形成并逐渐发展，从奴隶社会进入封建社会。在努尔哈赤、皇太极两代人的努力下，分散的、落后的女真各部逐步统一并强大起来，打败了明朝军队，进入了辽沈地区，建立了后金政权，统一了东北地区。这是满族创业和清朝建立时期。这时满族虽然建立了地方政权，与明朝中央王朝对抗，但它仍然是我国多民族大家庭中的一个成员，它的

---

① 《毛泽东选集》，1 版，第 2 卷，498 页，北京，人民出版社，1952。

历史活动是在中国的疆域内进行的。任何分割中华民族，把满族说成不是中国人的谬论，都应当驳斥。

第二个段落，从 1644 年清朝入关到 1683 年（康熙二十二年）收复台湾，共 40 年，这是清朝频年征战，建立和巩固全国统治的时期。先是和李自成、张献忠的农民军作战，接着对付南明势力，击破福王、鲁王、唐王、桂王的政权，镇压各地人民的抗清斗争，以后又征讨吴三桂、耿精忠、尚之信的三藩叛乱，最后是收复台湾，郑克塽降清。40 年干戈扰攘，清朝打败了所有的对手，建立和巩固了对全国的统治。在这个时期，活动在历史舞台上的各种势力错综复杂，除了正在兴起、生气蓬勃的清朝以外，还有人数众多、遍布各地的农民起义军的余部，内部矛盾重重、互相倾轧的南明小朝廷以及拥有强大军事实力的吴三桂等。这几种势力之间的相互关系不断变化，斗争十分激烈。中原逐鹿，清朝成了优胜者。这并不是偶然的，应该从分析各种力量本身的强弱变化以及它们采取的战略、政略的是非得失中求得理解。

第三个段落，从 1683 年到 1774 年（乾隆三十九年），共 90 多年，这是所谓的"康雍乾盛世"，是清朝统治稳定、经济繁荣、文化鼎盛时期。这时，农业和手工业得到恢复与发展，资本主义萌芽比前代有所增长，社会殷富，人口增加，封建经济发展到了高峰。清朝为促进生产做了一些工作，如奖励垦荒、兴修水利、蠲免赋税、赈济灾荒、解放奴婢、革除匠籍以及改革赋役制度、实行地丁合一，等等。当然，它的封建专制制度及其根本的政策只允许生产力在一定范围内发展，超过了这个范围，专制政权便变成了生产力发展的桎梏。在政治上，人民的反抗活动趋于沉寂。清朝国力强盛，康、雍、乾三朝大力经营边疆地区，对少数民族既有团结笼络，又有征伐斗争，特别是长期对准噶尔、蒙古作战，终于在 1757 年（乾隆二十二年）攻灭准噶尔，剪除边疆的割据势力，并进一步对天山南北、蒙古、西藏以及西南地区实行了有效的行政管理，巩固和增强了国家的统一。在文化方面，清朝提倡儒学，大规模编纂封建典籍，汉学兴起并得到发展。小说、戏曲、诗歌、绘画等各方面也很兴盛，出现了像《红楼梦》这样的伟大文学作品。

第四个段落，从 1774 年到 1840 年（道光二十年），共 60 多年，这是清朝由盛转衰的时期。1774 年有山东临清的王伦起义。这是发生在运河沿岸、接近清朝心脏地区的一次大规模斗争，以此为契机，打破了将近一个世纪中原地区的太平局面。北方的白莲教、南方的天地会等民间组织秘密结社，以及边疆和边远地区少数民族的抗清斗争，从此风起云涌，勃然兴起，不可阻遏。特别是 1796 年（嘉庆元年）爆发了白莲教大起义，延及鄂、川、陕、甘、豫五省，严重地打击了清朝的统治，清朝全盛时期的声威一去不复返了。同时，世界形势在发生急剧的变化，继英国资产阶级革命之后，又发生了法国大革命，资本主义一日千里地迅速发展，并向海外实行殖民扩张。中国和外国侵略势力的矛盾日益尖锐，于 1840 年发生了鸦片战争。

第五个段落，从 1840 年到 1911 年清朝灭亡为止，共 70 多年。这段历史内容非常丰富，几乎包括了整个旧民主主义革命史，处在承前启后的关键时刻，意义十分重要。由于外国的侵略，中国历史改变了前进的方向，沿着半殖民地半封建的轨道沉沦下去。中国人民一方面仍然反对统治中国已有 2 000 多年的封建主义，另一方面又要反对刚刚入侵的外国资本主义。反帝反封建斗争连续不断并且逐渐高涨，70 多年间经历了鸦片战争、太平天国、中法战争、中日战争、戊戌维新、义和团以及辛亥革命等伟大的斗争。这时，中国的封建自然经济被破坏，资本主义近代工业开始产生并发展，随之而诞生了资产阶级和无产阶级。农民依然是革命的主力军，发动了像太平天国和义和团那样规模巨大的革命运动，而资产阶级也登上政治舞台，领导了戊戌维新和辛亥革命。清朝政府一步一步地走完了历史路程，随着侵略者的需要而改变自己的机构、政策和职能，最后完全成了帝国主义的附庸。在人民革命浪潮的冲击下，清朝统治土崩瓦解。1911 年，以孙中山为代表的革命派发动了武昌起义，清帝逊位，从此结束了 2 000 多年的封建君主专制制度，建立了民主共和国。

以上，把清代近 300 年的史事纳入五个段落，是为了考察清史总的演变过程，简要地理解与掌握各个段落的内容和特点。至于清代历史应如何分期，那是需要另做讨论的。

历史科学包罗很广。社会生活的各个方面，政治的、经济的、军事的、文化的、民族的、外交的全都包括在历史学的范围之内。除了纵的方面可以分成若干段落之外，横的方面也可以分成若干专史和专题。我们固然应该了解清代近 300 年的整个历史过程，全面掌握清史知识，打好研究工作的基础，但也要有所分工，各有侧重，或研究某个时期，或研究某门专史，或研究某些专题。在具体研究的基础上通力合作，搞好综合的研究。毛泽东在抗战时期谈到中国近百年史的研究时指出："应先作经济史、政治史、军事史、文化史几个部门的分析的研究，然后才有可能作综合的研究"①。这一指示同样适用于清史的研究。

研究清史，占有史料当然是非常重要的。我们是唯物主义者，要从历史的实际出发，而不是从任何概念、体系、模式出发。恩格斯说："不论在自然科学或历史科学的领域中，都必须从既有的**事实出发**"②。因此，我们必须掌握丰富的史料，从第一手资料入手，进行考订辨析，弄清基本事实。科学的大厦是依靠事实材料建造起来的，离开了事实材料，就谈不上学术研究。清史跨越 3 个世纪，头绪纷杂，史事繁多，人物众多，记载歧异。人们关于清史的知识很多来自稗官野史、道听途说，不能成为信史。研究工作应注意真实性、科学性，不能浮光掠影，以讹传讹，而要认真搞清事件的真相及源流本末。因此，必须深入大量的第一手材料中，以极大的力量和坚毅的精神进行探索，去粗取精，去伪存真。即令在一个具体问题上要取得坚实可靠的知识，也需要花费大量的劳动。在这里，贪图省力，寻求捷径，只说空话，浅尝辄止，都是不允许的。

清史资料有三个特点。一是"多"，各种史籍、档案、碑版、实物，数量庞大，浩如烟海。一个人无论怎样勤奋，穷毕生之力，也只能在清史资料这一浩瀚无际的海洋中勘探其一个角落。二是"乱"，许多原始资料未经整理，杂乱无章，缺少目录、索引和工具

---

① 《毛泽东选集》，1 版，第 3 卷，760 页。
② 《马克思恩格斯选集》，1 版，第 3 卷，469 页，北京，人民出版社，1972。

书，无现代化的检索工具和检索方法，使用不便。三是"散"，许多资料分散庋藏在全国各地的图书馆、档案馆、博物馆、高等学校和科学研究机构中。有的保管不善，有的灰积尘封，借阅较困难。由于客观上的种种困难，研究者就更应发奋努力，不辞辛劳，大力搜集和掌握资料，才能取得显著的成绩。

清史资料的类别甚多。一是档案，数量很大。中国第一历史档案馆所藏档案很集中，达 1 000 多万件，还有其他地方所藏档案，这些是研究清史最重要的宝库。清史领域中的大多数问题都可在档案中找到原始的记录。一般说来，如果不利用档案，清史研究成果便会减逊科学的价值。二是地方志，估计现存清代所修地方志大约有 6 000 多种。内容多为各地区政治、经济、军事、文化以及山川地理、民情风俗、物产灾异等，包罗宏富，具有地方百科全书的性质。三是文集，清代文集甚多，不下数千种，还有很多稿本、抄本。文集内有的收录奏议，这是大官僚向朝廷的报告；有的收录各种文章，或发表议论，或记叙事件，或抒发感情；有的收录信件、日记以及诗词歌赋，内容丰富，体裁多样，其中常有许多珍贵的资料。四是笔记，记载许多史料掌故，琐闻逸事，广采博收，可补正史之缺。此外，还有很多官书、谱牒、碑版、文物以至报纸、刊物，门类很多，都是进行研究的有用资料。

以下列举几种清史的基本书籍。

《清实录》，清代每一个皇帝死后，后继者都要派人根据档案，编纂前朝实录，共 4 000 多卷。实际上是一部编年体的档案汇编，篇幅很大，包罗宏富，虽有删节篡改，但在清宫档案还没有大量刊布之前，这部书还是极有价值的资料书。

《东华录》，也是根据档案编成的编年体资料书，较《清实录》简要。编者蒋良骐，自努尔哈赤编至雍正朝。以后王先谦、朱寿朋等续编至光绪朝。

"清三通"，乾隆年间编成的三部大书，汇集了清代前期典章制度的大量资料。包括《皇朝文献通考》300 卷、《皇朝通典》100 卷、《皇朝通志》126 卷。以后又有刘锦藻续修《清朝续文献通考》400 卷。

《清经世文编》，魏源代贺长龄编纂，收集清代前期经世致用的文章，分列八类：学、治、吏、户、礼、兵、刑、工，共 120 卷。清末经世之学大盛，又有人继承此书的体例，编成经世文续编、三编、四编、统编、新编等。

《中国近代史资料丛刊》，这是新中国成立以后编纂的一部大型资料书，由中国史学会主编。收集了 1840 年以后晚清的历史资料，以历史事件分类，已出 11 种 69 册（鸦片战争 6 册、太平天国 8 册、第二次鸦片战争 7 册、回民起义 4 册、捻军 6 册、洋务运动 8 册、中法战争 7 册、中日战争 7 册、戊戌变法 4 册、义和团 4 册、辛亥革命 8 册），内容完整，包罗丰富，纲目明晰，有不少重要的少见史料，后附书目解题，可以按图索骥，进一步查找其他资料。这部资料丛刊的出版，为研究者提供了较充足的史料，对中国近代史的研究起了良好的推动作用。目前正准备继续编纂此丛刊的续编。

新中国成立以后整理出版的大部头清代史籍很多，有各种《清代档案史料选编》《清代笔记史料丛刊》《中国近代经济史资料丛刊》《帝国主义与中国海关》《太平天国资料汇编》，以及重要人物的文集、奏稿、日记，碑刻资料，文学作品汇编，报刊文章选编，各个厂矿企业的史料，以及译自各种文字的史料，特别是中外关系史的资料，等等。

至于清代通史性的作品，新中国成立前有孟森的《清史讲义》、肖一山的《清代通史》。新中国成立后有郑天挺的《清史简述》、李洵的《明清史》、辽宁各单位的《清史简编》、戴逸主编的《简明清史》2 册。近代史方面的通史性著作，数量甚多，不胜枚举。目前正在连续出版的清史专集、刊物有《清史论丛》《清史研究集》《清史资料》《清代档案史料丛编》《清史研究通讯》等，《近代史研究》和《近代史资料》也刊登了很多研究清史的文章和清史史料。总之，清代的史籍和史料很多，这里只是简略开列，挂一漏万，不及备举。

详细地占有材料是历史研究的基础，但还不是研究的最终目的。历史研究应该揭示社会发展的规律，通过偶然的、表面的现象去认识历史的主流和本质。应该对搜集的丰富材料进行深入的分析和理论的总结，为此，就必须以马克思列宁主义、毛泽东思想为指导，站在无产阶级的立场上，掌握科学的观点和方法，锻炼理论思维的能力。理论水平的高下对历史研究起着决定性的作用，忽视史料，空谈理论，"以论代史"，当然是不正确的；但只搞史料，轻视理论，也必定会大大限制学术成就，甚至会在杂乱的材料和各派学说的汪洋大海中迷失方向，误入歧途。科学成就的大小不在于史料的堆砌和现象的罗列，而主要在于能否运用马列主义去解释历史上的问题，解释得是否正确，是否深刻，是否揭示了历史的规律。清史研究工作者应坚持不懈地学习马列主义，提高理论水平，永远保持理论探讨的兴趣和热情，这样才能使研究工作有正确的方向和锐利的武器。

历史的内容非常宽广，涉及社会生活的许多领域，故研究清史要求有广泛多样的知识，如目录学、版本学、方志学、历史地理学、文书档案学等。在清代，中国日益被卷进世界资本主义发展的旋涡，中外关系十分密切，研究清代的中外关系，就需要有世界史知识；如果研究清代的生产力状况或历法、治河、科技、医学，就需要数学和自然科学知识；如果研究军事，就需要兵制、武器、战略战术知识；如果研究清代的经济财政，就需要赋役、货币方面的知识；如果研究清代学术，就需要音韵、训诂、校勘、辨伪以及经学史知识；如果研究清代艺术，就需要绘画、书法、戏曲、金石方面的知识。还有，清代历史是我国许多兄弟民族共同缔造的历史，各民族都留下了大量史料，有《满文老档》以及蒙文、藏文、维文史籍，又从清初至清末，外国的传教士、商人、外交官纷纷来到中国，记录了许多史事，外文资料也十分丰富。要求研究者能够分别运用各种民族的以及各个国家的语言文字。总之，研究清史要有广泛的知识基础和能够掌握多种语言文字工具。

清史的时间漫长，领域广阔，资料丰富，有许多空白薄弱环节，待研究的问题很多，犹如一片待开垦的处女地。只要埋头苦干，勤奋钻研，方向对头，方法适当，就一定能获得有价值的研究成果，一定能为促进祖国的历史科学做出贡献。

清史研究要有世界眼光 *

　　李岚清同志关于编纂《清史》的讲话，特别强调要注意和世界的联系。这是清代历史和过去历史的一个很大不同，这时候世界和中国的联系越来越密切。清代的很多方面深受世界的影响，离开世界的历史背景，我们就难以解释清楚清代的许许多多的问题、许许多多的情况。我研究清史就感觉到，很多问题不联系世界就看不清楚。

　　清朝入关是 1644 年，离哥伦布到达美洲已经一个半世纪，全球历史的帷幕已经拉开，葡萄牙、西班牙、荷兰、英国、法国这样一些国家相继登上了世界历史舞台，美洲已经成为欧洲的殖民地，世界其他地方——非洲、东南亚、印度、中东也正在遭到殖民侵略。这个时候的中国，不仅保持了独立，而且还是强大的独立国家。但清朝历史和以前朝代不一样，清朝一开始崛起就和世界接触。如西方的红衣大炮，清朝在入关前就开始引入。入关后，从顺治开始，就与传教士接触，顺治与传教士关系非常密切。顺治称汤若望为"玛法"，是父辈，一个很尊敬的称呼。据汤若望的记载，在两年的时间里，顺治帝去了汤若望家 24 次。汤若望在宫里医好了太后的病，得到太后的恩赐，可以出入宫禁，与清廷关系极好。康熙更不用说，喜欢天文、数学等西方科学技术，有很浓厚的兴趣，身边有很多传教士。康熙得了疟疾病是非常严重的，老治不好，会死人的，外国传教士治好了康熙的病，康熙还推广了金鸡纳治疗法。《尼布楚条约》谈判的时候，张诚、徐日升充当了翻译。《康熙皇舆全览图》也是传教士帮着画的。可以说，清初，传教士与清统治者有着一段

　　* 是作者 2003 年 7 月 17 日在编译工作座谈会上的讲话。

蜜月般的关系，非常亲密。当时，满族的亲贵也有很多与传教士有很密切的关系，但相比之下，汉族士大夫在清初与传教士关系密切的不多。明末的汉族士大夫，像徐光启、李之藻信仰天主教，可是清初的士大夫，我印象中没有几个。

我猜想，当时中国也是处于十字路口，也有可能选择西方文化。作为统治者的满族，处在文化的后进地位，它要学习先进文化。当时，它面临的先进文化有两个，一个是西方文化，一个是汉文化。它和西方文化接触很多，也知道它的好处，为什么没有更多地选择西方文化？这也是一个历史之谜吧。后来，完全走了汉化的道路，而且越来越汉化。看来，它不是没有可能选择西方文化，它有机会选择，但没有更多地吸收西方文化，而是走了单纯汉化的道路。如果稍稍吸收一些西方文化，哪怕像日本一样，出现一个"兰学"（日本人18、19世纪学习荷兰语文，把西方的科学技术统称为"兰学"），那中国历史的道路肯定会不一样。这只是一种猜想。

看来，文化的选择需要适当的土壤，清统治者面临的是统治汉人，因此，它选择的是统治汉人的现成的文化模式，而不再考虑选择其他文化，这也是一种解释。我觉得，清初的历法之争，表面上是汤若望取得胜利，采用了西方的《时宪历》，因为它是科学的。但从更广泛的意义上讲，汤若望失败了，而杨光先胜利了。因为中国走的道路依然是汉族的传统道路，没有吸收西方的先进文化。这是历史事实，如果不是这样，中国的发展就可能不一样。因此，清史从一开始就面临着文化选择，一开始就面临着西方文化的影响，这是其他朝代没有的事。

文化的冲击、磨合、交流，这个过程很不容易。从历史上看，佛教经过上千年的时间才融合成中国的佛教，因此，刚进入中国不久的西方文化不可能很快被中国人所接受。历史有它的必然性。

清朝建立之初，要考虑统治汉人，所以传教士面临的困难越来越严重。罗马教廷坚持反对祖先崇拜。雍正时候，全面禁教，传教士被逐出宫廷，关上了大门。从历史的表面来看，雍正的全面禁教似乎阻止了中西文化交流，但是我认为历史是在前进的，世界一体化的进程不可阻挡、不可抗拒，确有禁教之举，但西方的冲击、影响越来越大。中国逐渐融入世界的潮流也是不可抗拒的。

文化交流暂时中断，但经济交流大大发展了。18世纪文化交流虽然被阻断，乾隆后期传教士除宫廷以外已经没有了，失去了活动的舞台，但经济交流却大大发展了。当时海关对外贸易急剧增加。康熙时期海关收入只有4万两，贸易额很小，到鸦片战争前海关贸易达到了190万两，增加了47倍，增加得很快，如茶叶、丝绸、棉布等对外输出大量增加。到康乾盛世，海外贸易比较繁荣。

社会发展也达到了顶点。从人口来看，汉朝人口5 000万，唐朝是8 000万，后来也有增加，但中国的人口纪录从来没有过1亿，明朝是七八千万，到清朝道光时期为4亿。相应的农产品也必须增加4倍，才能养活这么多人，可以说，当时经济总量已超过汉、唐。根据外国的有关研究，当时中国的GDP占世界的23%，很是了不起，这是外国人的统计。是否确切不敢说，但说明当时的经济总量已经很大。

这些方面的研究都需要中国历史与世界历史的结合，也需要你们的合作。我希望年轻的学者转而研究一些大问题：当时中国经济到底达到了什么样的高度？

康乾盛世如何解释，也需要世界历史的知识。不了解世界的情况，就难以解释康乾盛世。当时国内安定是个主要因素。不能老打仗，社会的安定对于生产的发展至关重要。康熙、乾隆非常重视农业生产，投入大量精力治理黄河。有一年，国家收入的1/3用于治河。康乾盛世的形成还有两个重要的因素。一个因素就是南美洲的白薯、玉米在康乾时期开始广泛种植。这些作物传入中国是在明朝，但广泛推广是在清朝。如果离开了白薯、玉米这种高产作物，这么多人口怎么养活，很难想象。只有高产的粮食作物才能养活这么多人，况且白薯、玉米的种植条件要求很低，对土壤、水、气候的要求不是那么苛刻，这些高产作物遍地可种。从前不能耕种的地方，开垦出来就可以种，平原、高原、地头旯旮都可以种。乾隆年间，开垦了以前的很多荒地。这对康乾盛世的到来非常重要。如果没有高产作物，养活不了4亿人。

高产作物在中国的推广，这方面的研究成果已经有了，但还不够，这个问题也需要中国历史、世界历史的专家和农学家合作研究。关于白薯这些作物如何推广的问题，值得研究。当时有个姓陈的人，带着他的儿子、孙子，山东、山西到处跑，一辈子推广种白薯。白薯种植，一个关键就是育秧，这类问题值得研究。可以肯定，南美洲作物的推广对康乾盛世的形成起了重要的作用，没有南美洲粮食作物的传入和推广，就没有康乾盛世。

另外一个因素是货币因素。当时墨西哥白银大量输入中国，这一点对中国市场的发展非常重要。白银当时是良好的硬通货，当时的贸易连年出超，有很多东西销往外国，像丝绸、瓷器、茶叶；而外国没有那么多东西运来中国，当时还没有大机器生产，只能用白银来平衡贸易逆差。有本书叫《白银资本》，曾轰动一时。讲当时中国是全世界的经济中心，所有的白银都流向中国，中国是白银的仓库。据说，在18世纪，有3亿两白银流入中国。可以说，大量白银的输入，成为中国市场交易的润滑剂，扩大了中国市场，推动了中国经济的发展，使中国经济发展达到了前所未有的高度。当时中国货币流通量、交易量到底如何，现在的研究大多是宏观的，实证的细致研究还不够。有统计说，中国当时国内的总贸易量超过了英国海外的贸易量，到底是不是这样，需要中国历史、世界历史学者共同论证这个问题。

我觉得这两个因素，经济方面高产作物的推广，货币方面白银的输入，对康乾盛世的到来起了非常重要的作用，否则很难达到那样的高度。所以说，清初中外的文化交流虽然暂时中断，但经济交流更加密切，而且其实际影响非常大。到了晚清，就更不用说了。如果不联系国际背景，根本没法研究中国近代史。清朝前期，中国还可以置身于国际事务之外，是天朝上国，扬扬自得，自高自大，关起门来。到了鸦片战争以后，大门被打开了，也就无法关门了。这个时候，中国就被彻底卷入了世界历史的旋涡。

无奈也罢，被迫也罢，缺乏精神准备也罢，反正是被卷入了历史旋涡。列强蜂拥而入，外国开始成为支配中国的一个力量。以前是外在力量，现在成为社会内部的力量，而且是强大的支配力量。一次一次的战争，一次一次的条约，把中国与世界绑在一起，把中国变成半殖民地。这个时候，研究中国历史，已经离不开世界历史。

反对西方列强是当时中国社会的一个主要任务，向西方学习同样也是中国的一个主要任务，这两个任务是矛盾的。受到外国侵略，还要向它学习，即"师夷长技以制夷"，历史就是这么复杂。老师打学生，这样的事在近代很多。割地赔款，丧失主权，如果不抵抗，不反戈一击，丧失的恐怕就不只是这些东西，丧失的不只是物质财富，还会丧失精神、信心和希望。中华民族就是在抵抗中逐渐成长的。但是光反对、不学习也不行，那样就没有进步，就会停留在愚昧落后的层次，就会停留在非理性的行动中，使自己的抵抗斗争变成"义和团式"的行为，使自己的爱国行为变成盲目的排外主义。正是这些经验教训使中国在近代逐渐走向了正确的革命道路。

晚清与外国打交道非常多，外国传教士、政治家、军事家、记者都到了中国，他们写了大量的东西，但目前还有很多没有翻译过来。当然，他们的记载、描述带有偏见，但在某些方面反映了中国历史。因此，清朝历史与以往的朝代不一样，它自始至终与世界历史保持着联系，我们必须在世界历史的背景下观察中国，必须了解当时西方人对中国写了些什么、说了些什么、做了些什么。我们编纂《清史》，如果不了解这些，就没法进行。所以，我们一定要把老师请来，给我们出主意。

有人去徐家汇看书，说那里有很多外文图书，有很多自清初以来的传教士书籍，但到目前研究很少。像里希霍芬到中国来的考察报告很有价值，但现在也没有翻译。诸如此类，我们想对这类文献资料进行一定程度的整理，当然不可能全部整理。所以，我们成立了编译组，希望在这方面做些工作。

谈清代的典籍文献[*]

我国素称诗书礼仪之邦，存世的典籍与文献汗牛充栋，不可胜数。尤其是清代，建国 268 年，时间长久，文化发达，文人学士比肩相望，官局书坊刻书很多，公私档案、契据文书留传极为丰富。而且，清朝覆亡离今天并不太远，保存下来的书籍、史料极多，其确切数量至今尚无全面的调查统计，我们还说不清楚清代的典籍、史料总数究竟有多少。

古人说，一部"二十四史"不知从何说起。这是形容典籍数量之多。"二十四史"纵贯中国历史数千年，记录详尽，卷帙浩繁，但如果与清代史籍相比，还是小巫见大巫。"二十四史"共有 3 000 多卷，而记载清代历史的一部《清实录》就有 4 000 多卷。《清实录》还不是最原始的资料，中国第一历史档案馆所藏的清代档案，其中有清朝中枢机关军机处、内阁、内务府、宗人府以及吏、户、礼、兵、刑、工六部衙门的档案，共有 70 多个全宗，约 1 000 万件。还有 40 万件档案保存在台北的"故宫博物院"。此外，分散庋藏在各地的大量档案，如总理各国事务衙门档案、四川巴县档案、内蒙古档案、山东曲阜孔府档案、河北获鹿档案、上海工部局档案、各地海关档案、苏州商会档案、西藏行政和宗教事务档案，也约 1 000 万件。私人的稿本、信函、日记、文书档案亦数量甚多，难以叙述。

清代的出版事业很发达，官私编印的各种书籍多如牛毛。清政府先后编印过一统志、会典则例、通考、通志，各种方略，数量巨大。私家印行的全集、诗文集、著述、笔记更难尽数。一些重要历史人物和著名学者、诗人出版的作品，动辄以数十卷、数百卷计。

* 原载《涓水集》，北京，北京出版社，2009。

即以清代诗文集而言，印行本、家刻本、抄本、稿本，种类繁多。新中国成立以前，王重民先生作《清代文集篇目分类索引》，收清人别集仅 400 多种。后来张舜徽先生作《清人文集别录》，收书 670 种，其自序称："所得寓目者，才一千一百余家。"而陈乃乾的《清代碑传文通检》一书中说："前后十年所看到的清人文集和我旧有的合并起来，有一千一百五十三种。"又说："据我约略估计，南北各大图书馆所藏的清人文集，当在三千种以上。"张、陈二先生大概只计算"文集"而没有把"诗集"包括在内。他们的估计大大低于清人诗文集的实际数目。2000 年安徽教育出版社出版了李灵年、杨忠主编的《清人别集总目》，著录作者 2 万人、诗文集 4 万种，载明各种版本、卷数、出版地点和年月、藏书地点、作者简介，并附作者传记资料索引，洋洋洒洒，共 550 万字，堪称大观。这样，使我们大体上得知清人诗文集存世的数量、版本和所藏地点。需要阅读此类典籍的人可以按图索骥，一索即得，免得大海捞针，事倍功半。

还有人民日报图书馆的柯愈春先生，穷毕生之力，独自搜求清人诗文集，所得数目与李灵年、杨忠先生所得相近。而柯书除著录书名、卷数、版本、作者小传外，尚有内容提要，更可窥见数量浩瀚的清人诗文集的内容概要。

除了档案与诗文集之外，清代的地方志也十分丰富，有省志、州县志、山志、水志以及风土志、游记，等等。今日所见地方志，明代以前的 1 000 多种，而清代的方志有六七千种。清代定例，州县每隔几十年就要重修该地的地方志，很多州县再三修纂志书，形成风气，故存世的有各个年代所修不同的地方志。此外，清代注经释经、撰史补史的著作不一而足，笔记、小说、日记、野史、农学医药、琴棋书画、金石谱录、佛道方外之书，门类繁多，卷帙宏富。前些年有人计划编一部《全清文》，我对之表示怀疑，因为清人书籍之多，至今不知确数，如果要将每部书中的文章集中编纂，何啻恒河沙数，这是一项困难、繁重而难以完成的工作。

清代的典籍、史料除数量众多之外，又分散收藏于海内外图书馆、博物馆以及私人藏书家手中。以清代档案言，原保存于清宫廷中的大量档案，历经劫难，流散在外，辗转搬迁。新中国成立以来，长期大力收集，已集中到中国第一历史档案馆，但尚有小部分存于台湾的"故宫博物院"与"中央研究院"。至于其他的档案与书籍，分散失落极为严重，如太平天国刊印的书籍，经过清政府销毁查禁，国内所存为数很少。而当时不少外国人在华购买了许多书籍，带出中国，分散保存在世界各地的图书馆中。20世纪中期，先后由向达、肖一山、王重民、王庆成诸位先生遍访各国图书馆，将国内已失传未见的太平天国书籍访求回国，我们始能一睹这些太平天国的文献。由于很多档案、典籍分散保存，地方和私人有的不重视它们的价值，有的缺乏保管的条件与经费，而这些珍贵的纸质文献脆薄易裂，经过虫蚀、火焚、水淋、霉变，都可能毁于一旦，故而应该特别重视，调查与了解其数量、种类、价值、藏所，投入力量，进行维护，将其珍品早日整理出版。

清代以前的典籍经过历代学者的整理研究，其数量、类别、版本、收藏、流传与价值，比较清楚。尤其是乾隆时编《四库全书》，对古籍做了一次大规模的清理。这次清理由于政治上的原因，销毁了许多"悖逆""违碍"书籍，造成文化上的劫难，但同时也对《四库全书》所收3 460多种书籍和《四库全书存目丛书》所著录6 793种书籍做了精当的提要介绍，编成200卷《四库全书总目提要》。《四库全书》之后出版的书籍数量更多，类别更繁，但却还没有做过全面的调查研究。孙殿起的《贩书偶记》《贩书偶记续编》是他在做书商的一生中，记录所见《四库全书》未收的书籍而成的（其中包括清代以前的书籍），共收书10 000多种。《清史稿·艺文志》著录清代典籍9 600多种，后武作成撰《清史稿·艺文志补编》增补了近11 000种，共计20 000多种，这还远远不能包括清代的全部典籍。本文前述李灵年、杨忠主编的《清人别集总目》，收书已达40 000种。别集一类已如此之多，再加上经部、史部、子部和总集类，数量当然更加可观。如果能组织力量，调查研究清代现存的典籍，做一次严格认真的筛选，选出若干较有价值和影响的书籍，著录其书名、卷数、作者、版本、藏地，并撰写提要，介绍各书的内容，进行辨析、考证和评价，勒成《清代典籍目录提要》，对有清一代浩如烟海的典籍进行一次大规模的、有意义的整理，这将是继《四库全书总目提要》之后造福于后代学者的巨大文化工程。

清代书籍有一个特点，即出现了一大批前所未有的内容新颖的书籍。由于西方资本主义国家先后来到中国，它们侵略中国，给中国人民带来了巨大灾难，又带来了西方的新文化、新思想，中西文化开始了日益频繁的交流。明清之际有大批耶稣会传教士来华传教，带来了自然科学、宗教和艺术知识。据说当时传入中国的各类书籍达数千种，但那时西方的文化思想对中国社会的影响并不很大。《四库全书》采择的西方书籍仅寥寥数种，包括欧几里得的《几何原本》、利玛窦的《乾坤体仪》、阳玛诺的《天问略》、熊三拔的《泰西水法》《表度说》《简平仪说》。以后，尤其到晚清，随着帝国主义侵略中国日益深入，中华民族逐渐觉醒，中国的洋务运动、戊戌维新、辛亥革命相继兴起，中国人逐渐了解到西方文化的先进性，懂得要抵御外侮、拯救国家、力图富强，非学习西方先进的文化不可。故19世纪后期至20世纪，翻译西方的书籍越来越多。上海江南制造局、墨海书馆、广州广方言馆都翻译了大量西方书籍。先是翻译自然科学方面的书，译者有傅兰雅、伟烈亚力、艾约瑟、李善兰、徐寿、华蘅芳等，以后又翻译法律、军事、西方历史书籍，至严复翻译《天演论》《原富》《法的精神》《名学》等社会科学名著，而林纾则翻译了大量的西方小说。翻译西书，蔚为风气，中国人得以在西方的知识宝库中吸取营养。中国的知识结构突破了传统的知识框架，发生了革命性的变革。书籍的内容和形式都有了重大的变化，出现了许多前所未有的新类目、新内容。

中国传统典籍的分类，一般按经、史、子、集，分成四大部，各部之下有若干分支类目。过去《四库全书》把传教士带来的自然科学书籍放在子部"天文算法类""农学类"，这显然不能容纳西方的大量声光化电、天文地质、生理卫生以及动植物类的自然科学书籍。又如传统分类法并没有政治类、经济类、社会学类，因此，像亚当·斯密的《原富》、甄克斯的《社会通诠》不知应该归入何类。

又清代著名的小说、戏曲很多，如《聊斋志异》《儒林外史》《红楼梦》《桃花扇》《长生殿》等，再加上晚清移译的大量西方小说，而《四库全书》不收小说、戏曲（《四库全书》列"小说家类"，所收书《西京杂记》《世说新语》《癸辛杂识》《辍耕录》，"涉里巷闲谈，词章细故者，则均隶此门"，与今天的小说不同），这些又该如何分类。还有晚清政治风潮迭起，戊戌维新、辛亥革命，宣传维新与革命的书籍很多，如陈天华的《猛回头》、邹容的《革命军》等，这些又怎样分类。总之，由于晚清中西文化的交流、融合，中国人接受了多方面的新书籍、新知识，传统的书籍分类框架已不能适应现实的要求，故而在全面整理清代典籍时应该修改传统的四部分类法。

清代档案与典籍，数量庞大，是我国珍贵的文化遗产。近年来虽然整理、出版了不少书籍，但仅是其中的小部分。进行全面的调查摸底，陆续整理，有选择地刊布、出版，这是一项巨大而艰难的任务。希望学术界齐心协力，制定规划，组织力量，投入资金，启动此项有意义的文化工程，使清代的档案与典籍，更多地整理、出版，以供学人们阅读、利用。

谈清代书籍和史料的整理[*]

历史研究要从事实材料出发，必须掌握丰富的第一手资料，用马列主义的立场、观点、方法进行分析研究，去粗取精，去伪存真，由此及彼，由表及里。事实材料对于科学来说，犹如空气对于鸟类一样，没有空气，鸟类就不能起飞，没有事实材料，科学大厦就不能建立起来。

我国的书籍、档案或其他历史资料，数量极多，浩如烟海。古人说，一部"二十四史"不知从何说起。这是形容史籍内容之丰富、资料之繁多。一部"二十四史"不过 3 000 多卷，已令古今学者有难以遍览之叹。而有清一代的书籍史料，不知要超过"二十四史"多少倍，而且缺乏整理，庋藏分散，使用很不方便。一个清史研究工作者，犹如在无边无际的史料的汪洋大海中漂航，竭毕生之力，勤勉从事，也只能窥见海洋的一个角落。

清史资料的第一个特点就是"多"。自从满族入关，建立全国统治，至辛亥革命、清朝覆亡为止，共 268 年，加上入关以前，时间共达近 300 年。这时，中国已处于封建社会后期，经济、文化的发展水平较高，学派林立，文士辈出，印刷技术发达，著书印书的数量很多，而且清代离今天还不太久远，保存下来的书籍文物，难以数计。由于缺乏调查、整理，我们对清代资料的种类、数量和保存情况还没有全面的了解，说不清楚存留下来的书籍、档案以及其他文献实物资料究竟有多少。

一谈清史资料，首先就会想到档案，这是研究清史最重要的第一手资料，数量浩大，仅中国第一历史档案馆所存就有 1 000 多万件

　＊ 原载《光明日报》，1982 年 2 月 15 日。

（册）。该馆出版《清代档案史料丛编》，发表档案，每年 4 期，两年出 8 期，共发表档案 1 100 件左右。按照这个速度，如要把馆藏的全部档案发表出来，需 18 000 年之久。自然，清代档案并没有全部发表的必要，这里只是说明档案数量之多和我们的整理、发表工作必须大大加快。除了档案之外，还有许多大部头史书，如一部《清实录》，达 4 000 多卷，仅这一部书就超过全部"二十四史"；还有历次所修的一统志、会典则例、各种方略、"清朝三通"，以及数不尽的丛书、类书，卷帙浩繁，动辄以数百卷计。此外，清代的文集、地方志、日记、笔记、谱牒、契据、戏曲、小说，以及注经释经、农学医药、佛道方外的作品都大大超过以前各朝各代。例如中国素有编写地方志的传统，现存的地方志大多是清代编写的。明以前的方志，今存 1 000 多种，而清代的地方志今存 6 000 多种。其他各类书籍、史料的情况大体相似。

清史资料的第二个特点是"乱"。书籍、史料的数量很多，却没有得到很好的整理，类别不清，数量不明，缺少提要和索引等工具书，使用不便。清代以前的古书，经过历代学者的整理、研究，其数量、类别、版本、收藏、流传等情况还比较清楚。乾隆时编《四库全书》，即是对古籍的一次大清理（这次清理，由于政治上的原因，销毁了许多古籍，因之，也是对古籍的一次大破坏）。《四库全书》收书 3 460 多种，加上《四库全书存目丛书》著录图书 6 793种，共达 10 000 多种，写成了多达 200 卷的《四库全书总目提要》，对各类书籍进行辨析、考证。《四库全书》以后的书，数量更多，类别更繁杂，但却从没有做过全面的调查、整理。《清史稿·艺文志》著录的清代书籍近 10 000 种，而孙殿起的《贩书偶记》和《贩书偶记续编》，是他在做书商的一生中将所见《四库全书》未收的书籍记录下来，共收书 16 000 种，实际的数量当然远不止于此。孙殿起仅简单地著录了书名、作者、卷数、版本，没有提要或解题。

清代的书籍、资料，按照四部法分类，各类收书的范围不明确，情况较混乱。如拿一个人的奏议来说，究竟到哪一类目中查找呢？同样一篇奏议可以归属到不同的部类下，没有确定的收录标准。如果奏议单独编成一书，则归入史部的诏令奏议类，如果和其他诗文编在一起，则归入集部的别集类，如果和许多人的文章编在一起，则归入集部的总集内，如被收入通典、通考或方略，则归入史部的政书或纪事本末类。又如清代文集应包括哪些，除了诗文之外，应否把奏议、电稿、书牍、词曲包括在内，也没有一致的意见。清代的文集究竟有多少，也是众说纷纭。王重民的《清代文集篇目分类索引》仅收 400 多种，张舜徽的《清人文集别录》收书 670 种，其自序称："所得寓目者，才一千一百余家。"陈乃乾的《清代碑传文通检》说："南北各大图书馆所藏的清人文集，当在三千种以上。"也有人估计清代文集，不下六七千种。清人文集有许多还是稿本、抄本，从未印行流传，不为世人所知，所以实际数目很难估计。江苏常熟县立图书馆并不是很大的图书馆，却藏有几百种清人的文集、日记和笔记，很多是稿本、抄本或印数很少的家刻本。其他大图书馆，此类不为人知的稿本、抄本当更为丰富。

清代跨 3 个世纪之久，文化繁荣，作者林立，书籍和其他资料汗牛充栋，既未经系统的调查整理，没有详细完整的目录、提要，又缺乏各种索引工具，使用困难，检索不便，正如一团乱麻，亟待分门别类，加以整理。

清史资料的第三个特点就是"散"。书籍和资料不集中，分散收藏在各地区、各单位以及私人手中。以清代档案而论，本来是集中保管在清朝宫廷内的，但民国以后，历经变迁，流散在外。新中国成立以来，经大力收集，仍有不少分散在各地。除中国第一历史档案馆所藏 1 000 多万件（册）档案以外，台北"故宫博物院"亦藏有40 万件（册）档案，近年来大量出版，引起了国际学者的重视。台湾"中央研究院"所藏清代档案更多。1978 年，在台北召开了有 7个国家 170 人参加的清史档案会议。辽宁省档案馆亦藏有清代各类档案 20 万件（册），北京图书馆则藏有《总理各国事务衙门清档》，是八国联军侵华期间从总署散失出来的。至于地方档案，分散保存在各地的有很多：四川巴县档案，数达 10 余万件；山东的曲阜孔府档案，最近已编选出版；河北获鹿档案，数量也很大，损毁已达

90%；还有上海的海关档案、工部局档案；盛宣怀档案；各地厂矿的档案。这些均须整理。听说拉萨档案馆所藏西藏地方档案，历时元、明、清与民国，很多是用古藏文书写的，数达300万件，整理工作极为艰巨繁重，这是研究西藏历史和文化的珍贵遗产。如果组织人力及时到各地调查求访，必有新的收获。有的地区将历史档案分散到县或公社保管，这是很不适当的。实际上，许多基层单位并没有保管档案的设备和条件，甚至胡乱堆放，无人负责，使档案霉烂毁坏，造成国家珍贵文物不可弥补的损失。

至于书籍和其他资料，分散于各地，也很容易损失。听说安徽丁汝昌的老家，保存着他的很多文件，经过十年浩劫已荡然无存。18年前，我在山西五台东冶镇的大路上看到一块石碑，上面记载着咸同年间东冶镇许多小煤窑的生产情况、煤斤运销和价格、挖煤工人的工资等，字迹尚清晰，是研究当地手工业的好资料，但已被铺在丁字路口，当成平滑的垫路石，每天车压人踩，不消多少日子，碑文必将泯没无存。现在，北京和苏州已有同志将当地有价值的碑文汇编出版，这是很有意义的抢救工作。但全国各地还有无数残碑断碣被埋没于古刹旧院、夕烟荒草之中，希望能得有心有力之人，广觅遍访，拓片或录存下来，如王昶的《金石萃编》、孙星衍的《寰宇访碑》之例，将这些即将湮灭的资料尽可能地抢救下来。还有，清代的许多善本、稿本、手迹和珍贵文物散藏于各地的图书馆、博物馆、档案馆、文管所和高等学校，应当整理出版或复制，以供研究、鉴赏。

清代书籍和史料多、乱、散，需要大力进行整理，使这部分传统的文化遗产能在建设社会主义精神文明中发挥更大的作用。整理工作有以下几项：

第一，全面地摸底调查，编制全国联合目录。应组织力量，有步骤、有计划地在全国进行摸底调查，将全部（包括清代的）古籍、档案及其他资料的数量、名称、贮藏弄清楚，分门别类，著录存底。如有可能，每个类目、每本书籍、每一史料做成提要或说明，汇编成全国联合目录。现在《全国地方志联合目录》《全国善本书目录》

已经或即将完成。在此基础上，编制全国古籍目录、档案目录、史料目录，当非不可能之事。有了完整的目录，对清代（或全部）的书籍、档案目录、史料的全面情况，才能够了如指掌，加以掌握，也才能采取措施，保存整理，使现存的书籍、档案、史料不至于再大批地损失散亡。

第二，标点、校勘、注释、今译和编制提要、索引等工具书。清代书籍、史料，多用古文书写，但又比较浅近易懂，不同于远古文字之深涩简奥。标点一般只需断句，这是符合当时的文法规律的，不一定完全采用新式标点。清代书籍大多未经校勘。各种文本差异很大，讹误甚多，有的还是故意删改的。如已印行的实录、官书、私人集子，其中所收谕旨和奏议，与档案有很多不同，如加以对校，可以补正很多重要史事。清代史籍亦需做注释，特别是考古释经的著作以及许多人名、地名、史事、典故、方言、风俗，不加诠释，难以明了。但注释应力求简明准确，避免烦琐引证。还有一些艰深而重要的文章，需译成白话文，使更多的人能读得懂古籍。

由于清代的书籍、史料浩繁，如没有提要、索引等工具书，学者不能得其门径，为了查找一个史实、一条材料，往往遍翻群籍，如大海捞针。我国编制提要、索引的工作很落后，不被重视，缺少各种古籍的索引工具，大大影响了研究工作的速度和质量，应当组织专门力量从事此项工作，为了保证提要、索引的质量，要聘请和鼓励有成就的专家参加并主持此项工作。

第三，加快古籍和史料的印刷、出版。新中国成立以来，我国古籍、史料的整理、出版，取得了一定的成绩。但出书的数量太少，速度太慢。30 年来，出版古籍 2 000 多种，平均每年不到 100 种，其中有不少还是重复出书。例如评法批儒时出版的各种法家著作选就有 50 多种（不计入法家的专集），内容千篇一律。有很多重要的大部头书籍却未能印出。为了加快出书速度，除了排印以外，可以采用影印的办法。清代的书籍，卷帙浩繁，如《清实录》、官书、方志、文集，可照原书影印，省去许多工作步骤，加快出书。抗日战争前，商务印书馆曾影印《四部丛刊》；"文化大革命"以前，中华书局影印了《太平御览》《册府元龟》，上海古籍书店影印了天一阁所藏的明代地方志。影印费时短，出书快，且能保持原书的本来面目。此种办法，可以仿行。

有的书籍、史料可以照原书整理、标点，排印或影印。但有的书籍、史料不适于原件影印，必须进行选择和编辑加工。譬如，档案资料本来都是散件，而且数量很多，需要进行选择，分门别类，或按照年月顺序，编排在一起。又如，清代的笔记、野史十分丰富，其中精华和糟粕混在一起，如果毫无选择地全部印出，篇幅太大。许多宣传迷信妖异、因果报应或无聊琐闻，应予剔除。可以仿照徐珂的《清稗类钞》之例，分列类目，摘选汇编，是很有用处的（徐珂书的选录有的遗漏，有的太滥，且不注明作者、出处，应加改进）。

第四，在国外访求古籍、史料。有很多书籍、史料已流散到国外，欧、美、日本均藏有我国的大批书籍、文物及档案契券。清末，黎庶昌、杨守敬曾在日本访购到一些珍贵书籍，后来，向达、肖一山、王重民等也都陆续带回一些书籍资料。新中国成立后 30 年间，我国和欧、美、日本的学术交流长期中断，改革开放后，国际学术交流的任务之一是了解各国库藏中国古籍和文物的情况，尽可能将其摄影、复制，回归祖国。此项工作必能获得国际学者、友人的赞助与支持。

总之，整理清代或全部古籍、史料，是继承和发扬祖国优秀文化遗产的大事。中央领导十分重视此项工作，做出了重要的指示和建议。我相信，在党中央、国务院的领导下，全体专家和工作人员群策群力，鼓起干劲，一定能大大促进古籍、史料的整理工作，让祖国的古老文明在社会主义建设中放出光辉的异彩。

中国近现代史的研究如何深入 [*]

　　新中国成立以来，中国近现代史的研究蓬勃发展，取得了很大的成绩。在旧中国，多数历史学家致力于秦汉以前的古史研究，成就卓著。可是，由于种种原因，忽略或回避了对晚近历史的研究，致使近现代史呈现一片荒芜，可读的著作、论文寥寥可数。现在这种情况已完全改观，中国近现代史得到了普遍重视。经过几十年的努力，中国近现代史学术园地中百花争妍，成果丰硕，人才济济。国内以及海外，有很多专家对许多历史问题收集了资料，进行了分析，写出了有分量的文章和专著。无论宏观框架的构筑、微观情节的充填，都做了大量有意义的工作。在教学和科学研究中，中国近现代史和中国古代史、世界史呈现鼎足而峙之势。

　　任何一项工作，在经过迅速发展并取得显著成绩之后，人们总要回顾所得的成绩，总结过去的经验，展望今后的前途。新中国成立以来中国近现代史研究的突飞猛进带来了一种错觉，仿佛研究工作快到尽头了。作为一门已有深厚基础的学科还会怎样发展？我们的研究工作该怎样深入？该怎样突破？

　　当然，科学的本性就是不断地发展，它不会停留在某个地方。因此，人们的研究会日益深化、前进。尽管客观历史早已形成，已是一个过去完成式，但人这一主体的条件、立足点和认识能力却在不断改变或提高；难以数计的历史资料也在被不断地搜集、整理、披露、考订，因此，人类对过去历史的认识就不会穷尽、不会终结。研究者所处时代的差异，其理论观点、认识方法、价值观念、研究手段的差异以及掌握资料之多少、精粗、真伪的差异，使他们对同

　　* 原载《人民日报》，1987 年 7 月 17 日。

一段历史会得出很不相同甚至截然相反的结论。研究工作日新月异，不断提高，前人的研究成果，后人不断地加以丰富、完善，或者修正、推翻。人类的认识将从表层走向深层，从现象走向本质，从未知走向已知，从简单联系走向复杂的系统和结构。

尤其是近现代历史十分错综复杂，事态的矛盾、后果需要经过较长的时间才能暴露。因此，人们随着历史的前进需要经常回顾和反思刚刚走过的路程，每一次回顾和反思都必能得到新的认识与教益。譬如一座高大的山峰，当你走出一定距离再回头看的时候，它像一幅高悬在天空中的巨大画卷，雄壮而巍峨的形象格外地清晰、鲜明。

正因为如此，中国近现代史的研究不会到头。可以期望，在以下四个方面，近现代史的研究将会取得新的进展。

第一，马克思主义的理论将是指导近现代史研究工作继续发展的指南针。马克思主义不是狭隘的、封闭式的教条，它能够充分地吸收当代科学的新成果，不断地丰富和发展自己。当代，迅速发展中的自然科学和思维科学正在叩响社会科学的大门，越来越多的人，特别是中青年史学工作者试探着把系统论、控制论、信息论以及数量分析法等应用于历史研究。在历史唯物主义的指导下，人们研究社会历史和人类自身的方法更加缜密、更加多样化，在科学发展综合化的趋势下，运用自然科学总结出的新方法，将有助于历史研究工作转到多层次、多角度的广阔轨道上去。当然，运用这些方法，应该经过抽象的概括和科学的验证，应该舍弃只适用于某些学科的具体形式，使方法具有广泛的适用性，而不是简单地、生硬地搬用。重要的是要引进、学习、探索、掌握各种新的研究方法，并且不要忘记：每一种新方法都有合理的应用界限，不可以任意夸大、滥用。

第二，近年来，中国近现代史的研究领域有较大幅度的拓展，逐渐突破了近代史上八件大事、现代史上路线斗争的单一格局。人们的思想更加解放，视野更加宽广，高屋建瓴，目光四射，新的研究课题层出不穷。当前，适应我国现代化建设的需要，许多新兴学科蓬勃发展。历史学是传统的基础学科，和各门学科都有密切的关

系，而各新兴学科的进展也需要有新的探索。古老的历史学科应该
开辟那些过去少人问津，而现在又为现代化建设所需要的边缘空白
地带，以焕发青春、服务现实。如近现代城市史、区域经济史、边
疆开发史，近现代社会史、文化史、人口史、宗教史、灾荒史、生
态环境演变史，还有从前被视为禁区的一些问题，统治阶级内部派
系和斗争，反面人物的是非功过以及有关衣食住行、婚丧节庆等社
会底层的风俗民情等，都可以被提上研究日程。这样，我们对近现
代历史的认识将会更加全面、更加丰富、更加合乎实际。

　　第三，要把中国近现代史放在世界史的广阔背景下加以研究。
全世界的近现代史是各国人民争取独立、民主、繁荣并走向社会主
义的漫长过程。历史的发展既有普遍性，又有特殊性。各个国家、
各个民族在前进中经历了极不相同的路程。像 1789 年法国资产阶级
革命和 1917 年俄国十月社会主义革命对世界与中国产生了巨大的影
响。从一定意义上可以说，中国近现代历史是在这两次伟大革命的
旗帜下走过来的。但是，基于国内外的不同条件，中国在民主革命
中既没有也不可能走上资本主义道路，建立资产阶级专政；在社会
主义革命和建设中，也不能仿照苏联的模式。中国的革命和建设，
只能以马列主义为指导，结合本国的国情，吸收先进国家的经验，
在实践中开辟自己的前进道路。从经济、政治、外交、军事、法治、
民族思想文化等多方面比较各国情况的相似性和差异性，考察世界
发展的一般趋势和中国革命的具体经历，将能给人以启示和教益，
将能帮助我们从宏观角度观察中国的过去和未来，帮助我们探索适
合中国国情的社会主义现代化建设道路。

　　第四，中国近现代史的资料浩如烟海、数量庞大、种类繁多。
有档案、官书、文集、方志、笔记、日记、碑版、谱牒、信札、契
据、报刊等；有汉文的、少数民族文字的以及各种外国文字的；有
公开刊印、广泛流传的文件书籍，也有许多尘封蠹蚀、罕为人知的
稿本、抄本、公私档案。这些史料中有对各种历史事件详尽真实的
记录，但也有种种歧异、舛误。进一步发掘珍藏的史料，对具体问
题进行细致的考证、勘误、辨伪是十分重要的。马克思主义不赞成

用史料学代替历史科学，但历史研究必须以史料的搜集、整理、排比、考证为基础。史料的突破常常会导致研究的突破，修正或改变人们对重大历史问题的看法。每一个历史研究工作者都必须勤奋、艰苦地做史料工作，只有在大量准确、可靠的史料基础上，才能有科学的历史研究。

我相信，近现代史的研究并无止境，不会停滞下来，今后，在以上几个方面进行努力，都将取得成绩和进展。

尽管中国近现代史方面已发表了很多论文、出版了很多著作，同一个题目被不同的学者一遍又一遍地研究过了，但我们仍然可以通过几种途径，在近现代史研究方面开拓新局面。对史料的发掘、整理、考证是途径之一。史料工作本来就是历史研究的基础工程，没有丰富而经过甄选的史料，就不可能建筑起宏伟的科学殿堂。特别是中国近现代史的资料丰富浩瀚、真伪杂糅、种类繁多，史料的搜集、辑录、考证、翻译、刊布工作亟待进行，在这方面大有用武之地。我相信，史学工作者只要肯下功夫，努力耕耘，长期坚持，必能有所收获，必能把近现代史的研究推向前进。

历史学家的成才之路

历史学家的过去与现在 [*]

历史科学是基础性学科和综合性学科。历史学研究人类社会发展中的各种生活现象的总和，这些现象是历史的、能动的、合乎规律的过程。它们是人们有意识、有激情，并追求自己目的的活动，然而，人们的历史活动又被已经形成的环境和条件所制约，只有顺应历史趋势，人们的活动才能取得接近于预期的结果。在历史过程中，客观的和主观的、物质的和精神的、必然的和偶然的、规律的和随机的，有机地交织在一起，构成非常错综复杂的历史图景。历史科学所涉及的内容非常广泛，因为客观世界无限丰富并不断发展。人类活动的各个领域都可以追溯自己的起源和由来，各有其专门的历史，如政治史、经济史、军事史、文化史、社会史、科技史；每个时代各个地区、国家、民族又各有自己具体的历史规律和特殊内容，因而有各种断代史、地区史、国别史、民族史。历史科学包含各种专门史和通史，涵盖面宽广，内容丰富多样，无所不包。正是在这个意义上，马克思和恩格斯在《德意志意识形态》的手稿中写道："我们仅仅知道一门唯一的科学，即历史科学。"

在中国，历史学又是时间悠久、积累丰厚的传统学科。我国有几千年未曾中断的、完整的文字历史记载，有浩瀚的、体裁多样的历史典籍，有包括各民族文字的文献碑版、丰富的档案史料、珍贵的文物遗存，有像左丘明、司马迁、刘知幾、司马光、郑樵、章学诚、梁启超、王国维那样杰出的历史学家，直至近代开创了马克思主义历史研究的李大钊、郭沫若、范文澜等人。过去几千年的史学成就是我国文化遗产中弥足珍贵的部分，它记录了中华民族生活、

* 原载《历史研究》，1989 年第 5 期。

战斗和前进的历程，总结了先辈们生产斗争和阶级斗争的经验，反映了祖国伟大光辉的文明成果。

历史科学对一个国家、一个民族的重要性是显而易见的，它给人们以智慧、力量和信心。为了认识社会、认识前途、认识人类自我，必须借助过去，观察它在一个较长时段中存在和发展的形式，进行历史的反思。过去和现在是相互关联的，把过去当作不值一瞥的瘠野荒漠，而过分局限于眼前事件，往往会被一连串眼花缭乱的短暂变化弄得头晕目眩，而无法把握住社会运动的本质和未来。历史科学的作用，可以使我们在一个巨大的远景中，在过去至现在的长期发展中，观察自己和自己的社会。这样才能透彻地了解现在、预见未来。因此，历史科学研究的对象虽然是过去，它只为过去提供较为客观、较为正确的图像，但它的意义并非只局限于过去。现在和未来，都是过去的继续延伸，历史的因铸成现实的果。现实的一切，或成就，或挫折，或胜利，或困难，无不萌生于过去，无不和过去结有不解之缘。对过去的事情进行研究和解释，正是为了更好地理解现在和未来。人们之所以重视历史科学，是因为他们带着现实中的迷惘和困惑，不得不求助历史，寻求比较正确的答案。一个国家、一个民族，如果忘记了过去，就不可能正确地面对现在和未来。

人生活在现实中，每个人在观察和研究过去的时候，总不免带着现在的思想感情和认识方法，人们经常会用现在生活中的要求和兴趣去研究过去的历史。过去历史中与现在密切相关的史实和史料，总会首先凸显在历史学家眼前，引起历史学家的优先关注，这一点并不妨碍历史发展过程的客观性。各个时代的历史学家在选择研究课题和进行分析思考的时候，大多会选择那些与现实较有关系的问题，并站在当代达到的科学水平上开展研究。历史学家越是关心现在、理解现在，就越能深入地反思历史。现在的生活为他提供了一个比较成熟的发展形态，以便理解历史上尚未成熟的发展形态。如果人们对现在的事件漠不关心、失去兴趣，又怎能深入理解曾经发生过的历史事件？现实生活中的感受有助于历史学家体验各样的历史生活，正像人们常说的那样，对人体的解剖有助于理解类人猿的骨骼体态。

当前，中国历史正在发生前所未有的伟大变革，历史学家有责任，在过去与现在、历史与现实之间架起沟通的桥梁，在建设今天新生活的时候，反思过去，回顾国家和民族已经走过的艰难而光荣的历程，这对人们是大有裨益的。改革和开放，需要人们更加了解我国的国情和传统，更多知道世界的历史和现状，也需要更加抓紧爱国主义、社会主义的思想教育。历史科学在现实中是大有作为的。它能够提高全民族的文化素质，培育爱国主义、社会主义精神，陶冶人们的性格、情操，帮助人们认识国情，了解自己的过去，廓清迷雾，以把握现在、面向未来。历史科学之树是常青的，它将为我们开辟新生活做出重大贡献。

资料　思想　文采　道德[*]

——对历史学家的四项要求

　　当前，历史科学虽有长足的发展，但也碰到了许多问题和困难。国家对人文科学研究的投入不足，学校缺少经费。历史学人才的培养颇不景气，教学和研究工作待遇菲薄，学生望而却步，故招生的生源不足，毕业生就业的渠道不畅，经商成风，旁骛他业，使人才不能脱颖而出。社会主义现代化事业非常需要人文科学，需要历史学人才。其实，社会要培养一名合格的历史学家是很不容易的，不仅国家要投入，学校要重视，学生本人更要付出艰辛的努力。所谓"百年树人"，是说要造就人才，必须在很长的时间内形成重视人才、培养人才的良好风气与环境。

　　前人说过，优秀的历史学家应具备史学、史识、史才、史德。我把前人说的这八个字转换成"资料、思想、文采、道德"。含义不完全相同，但大体上还是接近的。"学"是指知识、资料、信息，"识"是指理论、思想，"才"是指文才、才华，"德"是指道德、人格。这是对历史学家四个方面的要求。每位历史工作者都必须从这四个方面下功夫，努力锻炼，不断提高，才能成为合格的以至优秀的历史学家。

一、资料

　　科学研究必须重视资料，重视知识信息，历史学家要掌握丰富

　　* 原载《历史教学》，1996 年第 10 期。

的第一手资料。我们的研究是从事实出发，对事实材料进行归纳、分析、综合，抽引出规律，而不是从概念或定义出发，也不是单凭头脑玄想。没有丰富而确凿的材料，就不能进行科学的概括。资料对于研究者来说，犹如水对于鱼、空气对于鸟一样。离开了水，鱼就不能游动；离开了空气，鸟就不能飞翔；离开了资料，研究就不能进行。丰硕的科学之果是在坚实的资料之树上结出来的。

客观世界，浩浩茫茫，无限广阔，反映客观事物的资料也是无限繁多的。古人形容资料、书籍之多，或云浩如烟海，或云汗牛充栋，或云一部"二十四史"不知从何说起。其实，"二十四史"篇幅并不大，共3 000多卷，已号称繁多，学者难窥全史。像记载清朝一代历史的《清实录》有4 000多卷，《古今图书集成》有10 000卷，《四库全书》有79 000多卷，"二十四史"与这些大书相比，真是小巫见大巫。至于历史档案馆中贮存的档案册籍更是多得不可胜数。中国的全部文献遗存究竟有多少？至今还弄不清楚。我们一辈子搞历史研究，犹如在浩渺无际的资料海洋中漂航，穷毕生之力，也仅能窥测到资料海洋的某个角落，范围很小。人的生命有限，而知识无穷、资料无穷。因此，每个研究者都有自己的研究方向、研究领域，专攻某个学科的某门专业，按照一定的方向和题目去读书、研究，去收集并积累资料。人类的全部知识，是由许多学者分工合作进行研究的结果。人类知识日益丰富，专业分工日益细密，越来越难以出现那种精通许多专业的全能式学者了。

"博"和"专"是摆在每个研究者面前的一对矛盾。研究者应更多地浏览书籍，尽可能广博些，用各种知识武装自己。学问广博，眼界开阔，才能高屋建瓴地思考问题，博学才能深思。"博"能促进"专"，提高人的研究能力。但个人认知的范围是有限的，不可能穷尽全部知识，只能成为某个领域的专家。所谓"专业化"，就是研究领域的窄化，只有窄化了科研领域，才能集中精力，攻克难关，取得成果。在某个窄小的专业范围内，要求研究者的知识和资料越多越好，对资料的占有最好做到"竭泽而渔"。

资料并不是现成地、完整地集中在一个地方，而往往是分散庋藏、凌乱无序。因此，收集、整理、积累资料是很艰苦的工作，要跑到各地方探访寻找，风尘仆仆，奔波劳碌，日夜阅读，手不停抄。有时候跑了许多天、许多地方，也找不到自己需要的资料；有时候资料找到了，但人家不肯给你看，或者索要很高的价钱，或者给你吃闭门羹。为了找资料，可能会碰到很多困难，切不可灰心丧气，要不嫌麻烦、不辞劳累、不怕挫折，要有一股韧劲，锲而不舍，持之以恒，才能积累越来越丰富的资料，向着科学的高峰攀登。

阅读和抄录资料，要花费很多时间和精力。只能逐字逐句摘录抄写，并无捷径可走。如果不抄资料，单凭记忆，长年累月，所积既多，即使你的记忆力超常出众，也不可能记牢、记准。今后，计算机技术也许可以简省抄录工作，但目前的科学技术尚未达到可以全部简省抄写工作的程度，在未来一段时间，抄写工作尚不可省。

古往今来的大学者都在资料方面花费了大量的时间和精力，顾炎武谈到他著作《日知录》的过程时说："愚自少读书，有所得，辄记之……积三十余年，乃成一编。"（《日知录·自序》）郭沫若自述其研究先秦诸子，如《管子》《吕氏春秋》，翻来覆去把书读过好几遍，把材料分门别类摘抄在本子上，有些篇章几乎是整篇抄录的。明史专家吴晗，早年在清华大学任教，经常去北京图书馆阅览。他读《朝鲜李朝实录》时，发现其中有许多有关明朝和清朝的史料，这些都是当时朝鲜人来到中国的所见所闻，为中国史书中所不载。他将这些资料抄录下来，长期坚持，不辞劳累，积累了400万字，编成《朝鲜李朝实录中所见中国史料》，共12册，直到吴晗同志逝世后方才出版。这是今天研究明清史十分重要的书籍。

二、思　想

收集和积累资料十分重要，但这只是研究工作的开始，而不是终结。研究工作要运用分析推理，从资料中引绎出规律。因此，开动脑筋，分析资料，把智慧的光芒投射到看似没有条理的、凌乱的资料上，进行思考，由此及彼、由表及里、去粗取精、去伪存真，使感性认识上升到理性认识，这就是进行科学的概括、科学的抽象，也是研究过程中的决定性环节。科学研究是精神领域中的创造活动，要探索未知的领域，揭露事物的本质，如果仅仅停留在资料的收集、抄录、排比上，还不能算是完成了科学研究。因此，对于刚刚在研究道路上起步的人，养成思考习惯、锻炼思考能力是十分重要的。

锻炼思考能力，一是要发现问题，勤于提问，善于提问，勇于提问。提出问题可能是提出科学新说的先声，有了问题，蓄疑于胸，以后就会为寻找答案而力学深思，上下求索，取得研究的成果。威廉·哈维是创立血液循环学说的生理学家。在他之前，人们都认为血液的流动是直线进行的。威廉·哈维提出了一个非常简单的问题，即通过心脏、直线行进的大量血液，既没有排出体外，也没有被身体吸收，那么它最后流到哪里去了？据说，他带着这个问题进行研究，经过观察、分析、实验，发现人体内的血液是循环流动的。

锻炼思考能力，要善于发现矛盾，抓住矛盾，追溯究竟，从而得出有价值的成果。例如关于太平天国起义的日期，有种种不同的说法。赖文光说："庚戌秋倡义金田。"庚戌是道光三十年，公历1850年。李秀成说："道光三十年十月，金田、花州、陆川、博白、白沙，不约同日起义。"而洪仁玕则说："此时天王在花州胡以晃家驻跸，乃大会各队，齐到花州，迎接圣驾，合到金田，恭祝万寿起义。"所谓"恭祝万寿"，是祝贺洪秀全的生日，他的生日是十二月初十日，道光三十年十二月初十日，已是公历1851年1月11日。赖文光、李秀成、洪仁玕都是太平天国革命的元勋，所言起义日期，一说道光三十年秋，一说十月，一说十二月，此外还有许多说法，相互矛盾，言人人殊，莫衷一是。从这些矛盾中，太平天国史专家罗尔纲先生细加考证，认为应从洪仁玕"恭祝万寿起义"之说，于是1851年1月11日为太平天国起义日期遂成定论。原来赖文光、李秀成所说亦非错误，而是太平军"团营"的日期。"团营"是起义队伍的集合，"团营"并非起义，各地"团营"的时间亦不是齐一的，从"团营"到起义还有一个发展过程。这样，金田起义的日期得以认定，而赖文光、李秀成的不同说法亦得到合理的解释，矛盾得到较圆满的解决。

锻炼思考能力，要学会辩证思考，从事物的发展和相互联系中看问题，不要孤立地、静止地看问题。例如，看到光绪元年（1875）某地粮价每石若干，仅此一条资料，不与其他资料联系，不会产生什么思想。但如果这类资料积累多了，从光绪元年到三十四年（1908），每年某地粮价的记录收集齐全，那么你就了解了粮价起落变化的发展过程，可以画出粮食价格变动的曲线，这本身就是晚清经济史方面的重要信息。然后进一步探索为什么这一年的粮价上涨了，那一年的粮价下跌了？是自然方面的原因（气候、雨水、灾荒），还是社会方面的原因（战争、社会动荡、囤积居奇）？这样就可能写出一篇论述晚清粮价变动的有价值的论文。

经常阅读富有思想内容的著作，是帮助提高思考能力的重要途径。像马克思的《资本论》《路易·波拿巴的雾月十八日》、恩格斯的《反杜林论》等名著，就是能提高思想水平的书。只要认真读它们，就会被一种思想力量所吸引，领会到书中所蕴含的智慧和深刻的洞察力。我们学习经典著作，最重要的不是学习其中的个别结论，而是学习其思考能力。

思考能力的锻炼是循序渐进的，不能一蹴而就，不能急于求成。从事科研的新手往往面对一大堆收集起来的资料，不知怎样进行分析、综合、反复思考，因而进度不大。甚至像明朝的王阳明那样，要"格物致知"，坐在那里"格"竹子，并无所得，却"格"出一场病来。王阳明是大思想家，尚有这样的经历，可见在科研道路上总会碰到困难或挫折，重要的是鼓起勇气，树立信心，不要灰心丧气。

思考不得要领，研究深入不下去，大体上有三种情况：一是收集的资料还不丰富，事实过程和各方面的联系还不很清楚，客观的矛盾并未充分显露出来。我们的观点是从事实中来的，事实材料不充分，信息量不足，就难以形成自己的观点，这样就要回过头来再去收集资料。二是没有很好地开动脑筋。古人云：心之官则思。头脑的功能就是进行思考，反映客观事物，进行归纳、演绎、分析、综合，由感性认识进到理性认识，得出自己的看法，这就是独立思考，不能抄袭陈言，不能人云亦云。三是资料也充足了，思考也进行了，但分析与综合的能力差，这是可以通过学习、锻炼提高的。学习辩证思维方法，学习马克思主义经典著作，学习人类优秀的文化遗产，持之以恒，必有成效。

三、文采

研究的成果要表达出来，写成文章，这样就要讲究表达方式，力求写得通顺流畅、文采斐然。

写文章表达科研的成果，首先要写得明白易懂，要让大家容易理解你的研究成果，力求把深奥的道理浅显而又准确地讲出来。文章如果艰深晦涩，那么你的研究成果就难以被人理解和接受。有一位研究先秦史和甲骨文的先生，他写了一篇论文，向郭沫若请教，郭沫若说：我读了几遍，这文章的意思，我没有读懂。如果连郭沫若这样的专家都读不懂这篇有关古代史和甲骨文的文章，那恐怕世界上就不会有人能够读懂它了。文章本来是写给别人看的，谁也看不懂的文章，大可不写。这位先生的研究成果，即使极有价值，也不会有人理解它、接受它。

写文章和平时的说话、聊天不完全一样。尤其是写学术论文，不是率尔操觚，随意为之，而要非常用心，力求合乎文法，合乎逻辑，文从字顺，概念准确，条理清楚，观点鲜明。要勤写多写，孜孜以赴，切不可粗心大意。

写文章是很艰苦的，一篇精彩的文章，读起来优美流畅，如行云流水，但写作时却冥心苦想，惨淡经营，并不是轻轻松松地挥洒立就的。当然，才思敏捷的人也是有的，但要写出好的文章，仅靠先天的聪慧是不行的，必须有后天的勤学苦练。有的人文章写得快，所谓"文不加点""一气呵成""倚马千言"，是形容文章写得快。有的人早已构想好了，已有腹稿，成竹在胸，故落笔很快。也有的人下笔甚快，写成草稿之后，还要反复修改，后期加工做得非常细致。

我主张初学写作的人，对自己文章的质量要严格要求，养成良好的写作习惯，反复修改自己的文章，字斟句酌，精心推敲。"推敲"这两个字，包含一个典故，唐代贾岛是著名的"苦吟"诗人，他写诗琢磨修改，极费心力，故多佳作。他曾经写一首诗，描写寺庙夜晚的景色，其中有两句："鸟宿池边树，僧推月下门。"写下这两句后，他想：是用"僧推月下门"好，还是用"僧敲月下门"好？反复考虑，于是"推"啊，"敲"啊，琢磨得出了神，别的事都不注意了，走在路上竟冲撞了官府的仪仗。这个"推敲"的故事，说明写文章时注意力的集中。在我们一般人来说："推"字也好，"敲"字也好，差别不大，都可以用，不值得多加考虑。而贾岛竟为这一字之差，踌躇徘徊，走路也出了神。在似乎很细微的差别上，也要下大功夫，这就是大诗人和一般人的不同之处。杜甫有两句诗："繁枝容易纷纷落，嫩叶商量细细开。"拿来形容写文章是非常贴切的。"繁枝容易纷纷落"，是指噜苏冗繁的空话赘语要大刀阔斧、毫不顾惜地砍掉；"嫩叶商量细细开"，是指对新颖的思想、微小的细节要下大功夫，仔细琢磨，精心考虑。这样才能写出好文章。

写文章力求精练，提倡写短文章。中国有写短文的传统。远古时代还没有纸张，文字刻在甲骨上，或铸在青铜器上，或写在竹简上，不允许写许多废话、空话，要求开门见山，直书其事，文章简练扼要。老子的一部《道德经》，内容丰富深奥，只有 5 000 字。孔子的《论语》，都是很短的语录，只有几个字或几十个字。从前向皇帝上万言书，议论很多重要事情，那是了不起的长文章、大文章，但也不过 10 000 字。像今天动辄数万言，有时离题千里、不着边际，令人难以卒读。

应该用简短的篇幅表达丰富的内容，切忌用庞大的篇幅表达贫乏的内容。因此，写文章要字斟句酌，惜墨如金，写的内容充实而文字精练，把那种无用的空话、套话、废话统统删掉。历史学家范文澜有两句名言："板凳要坐十年冷，文章不写一句空。"上联是说，做学问要甘于清苦，甘于寂寞，甘于长期坐冷板凳；下联是说，写文章要有内容，不要空话连篇。这两句话可以作为我们治学的座右铭。

四、道德

做人有做人的道德，其中即包括了做学问的道德，做学问要遵循学术行为的规范。人品和学问是联系在一起的，是衡量和评价学者的两把尺子，伟大的学者，其道德、文章均为世人景仰。

治学应有严肃认真的态度，应把学术当作神圣的事业、崇高的责任，全身心地投入，孜孜矻矻、锲而不舍，不热衷名利，不畏惧困难，不追求功利，一心一意探索历史真理。从收集材料、思考问题、讨论交流到撰写文章都要认真对待，一丝不苟，不是马马虎虎、敷衍塞责，不是追逐时髦、趋时媚俗。引用一条史料，拈出一个证据，都要查清来历，注明出处，不是信手转引，人云亦云，否则别人错了，你也跟着错下去，闹出笑话来。下一个判断，必须谨慎，证据确凿，才能立于不败之地。证据不足，宁可存疑。历史学家重视的是客观事实，排除一切单凭主观的臆测和猜想，不可以为取得轰动效应而故作惊人之笔，不可以作毫无根据的翻案文章。引用他人的研究成果，应标明来历，尊重他人的劳动。至于有意地抄袭、剽窃或掠夺他人的成果，更是科研工作者所不容许的，是学术道德的沦丧。

治学应有谦虚宽容的精神，古人说："满招损，谦受益。"学术上小有成绩，就沾沾自喜、扬扬得意，这会妨碍自己的继续进步。真正有学问的人，总是虚怀若谷，胸襟旷达。胸怀像山谷那样空阔广博，才能容纳得下许多东西，骄傲自满就装不进新的知识。骄傲是无知和愚昧的表现，因为骄傲自满的人实际上并不了解自己，也并不了解客观世界，他对主观与客观都做了错误的估计。中国古话说："夜郎自大。"夜郎是我国西南地区的一个小国，但夜郎王只看到周围的邦国都比自己小，误以为自己最大、最了不起，不知道在不远的距离之外就存在一个比夜郎大许多倍的汉朝。因此，夜郎王是无知的、愚昧的。中国还有一句古话："井蛙窥天。"坐在井底的青蛙所看到的天空只有井圈那样大，但实际上天是宽广无垠的。因此，井蛙也是无知的、愚昧的。虚心使人进步，骄傲引向失败。三国时的马谡熟读兵书，颇有名气，自以为将才出众。他太骄傲自满，不服从诸葛亮的指示，听不进王平的忠告，把军队驻扎在远离水源的山冈上，被司马懿包围，打了败仗，丢失街亭，闹得身败名裂。做学问的人可以从这个故事中吸取教训，培养起谦虚谨慎、从善如流的品德。

学问是无止境的。我们取得的每一项科研成果都只是绝对真理长河中的一滴水珠，对自己的学问和成果，一定要清醒地、实事求是地评价。在今天，知识量急剧膨胀，科学的进步一日千里，已有的许多知识迅速被超越。对于学术上的不同意见，一定要充分尊重，认真听取，坚持"百家争鸣"的方针，才能使学术健康发展、不断进步。不要因为有人对自己的学术观点提出不同见解而一触即跳，大发雷霆，即使有些意见听起来不甚有理，论证尚不充分，也应持宽容的态度，允许它存在和发展。对旧权威的挑战和突破是科学发展的规律，一种新的理论和学说，当它初出现时，可能并不完善，随着时间的推移，会发展得更加成熟，最后闪耀出真理的光辉。骄傲、偏见、狭隘、保守是科学发展的大敌。

治学要有坚持真理的勇气。研究学问是探索未知领域，追求客观真理。而真理并不是一下子都能被大家所认同、所接受，有时真理掌握在少数人手里。明白地宣告未被大众所认同的真理会遭到许多人的误解，被斥责、唾骂，甚至遭到迫害。科学家要敢于坚持真理，甚至为真理献身。世界科学史上布鲁诺为宣传和捍卫哥白尼的天文学说，被教会处以死刑，这是众所周知的著名事件。

撰写历史，涉及当时的政治事件和政治人物，常常会触犯某些人或某个集团的利益，更会引起强烈的反对，甚至会招来杀身之祸。敢不敢面对事实，秉笔直书，这是对历史学家的严峻考验。文天祥的《正气歌》中有"在齐太史简，在晋董狐笔"两句，这里说了古代两位历史学家刚正不屈、敢于揭露历史真实的故事。春秋时，齐国的大夫崔杼很有权势，杀掉了国君齐庄公，齐国的太史据事直书，在简册上写了"崔杼弑其君"，崔杼看了大怒，把太史杀了，太史的弟弟仍然这样写，崔杼又把他杀了，又一个弟弟还是这样写，崔杼也把他杀了。太史最后一个弟弟仍然这样写，崔杼感到不好对付，没有杀他，把他释放了。当这位太史的弟弟离开崔杼家时，在大门口看见南史氏拿着简册在那里等候，南史氏说，他听说太史一家因如实记录历史真相而全被杀害，他怕这件事没有人记载下来，特意赶来记录这段历史。既然没事了，历史真相已经被记下来，他也就回家去了。这个故事说明了中国古代历史学家为如实记录历史而前仆后继、不惧杀身之祸的崇高品德，淫威与残杀是不能阻止历史学家说真话的。还有晋国的太史董狐，当时晋灵公与大夫赵盾的矛盾很尖锐，赵盾逃出了国都，但走得不远，没有离开晋国的国境。他的弟弟赵穿发动政变，杀死晋灵公，赵盾就回来了，还当大夫。董狐在史册上记下"赵盾弑其君"，赵盾不服气，辩解说："晋灵公不是我杀的。"董狐说："子为正卿，而亡不越境，反不诛国乱，非子而谁?"意思是说：你负责国政，逃亡没有离开国境，回来后又不对赵穿治罪；你是政变的后台，杀君的策划者。古代的历史学家非常尊重历史事实，非常注意褒贬是非。孔子说："董狐，古之良史也，书法不隐。"尊重事实，秉笔直书，正是我国历史学家的优良传统。历史学家应该抛开利害得失，排除一切干扰，坚持真理，坚持揭示历史的本来面貌。

　　以上谈了资料、思想、文采、道德，这是对历史学家四个方面的要求，从这些方面进行锻炼，加强修养，就能成为优秀的历史学家。

成才之路 *

有人问我什么是成才之路？我不假思索地回答：勤奋。我相信：做学问没有其他捷径。"勤"字最为重要。如果细说开去，有四个字："勤""苦""乐""迷"，这四个字代表四个境界，贯通串连，循环往复，筑起一条成才之路。

（1）"勤"。古今中外学问和事业有成都是勤奋努力的人。"业精于勤荒于嬉"是不朽的格言，勤于读书、勤于思考、勤于写作。中国古代有许多故事："悬梁刺股""凿壁偷灯""囊萤映雪""牛角挂书"，无非是勉励大家勤奋读书。人们说：在成功之中天才占1%，勤奋占99%，我们不否认天赋的作用，有人记忆力强，想象力丰富，思考敏捷而深刻，这当然有助于成功。但天赋绝非主要的因素，坚持不懈、勤奋努力才是最重要的。宋朝王安石写过一篇《伤仲永》，仲永在儿童时期聪明颖悟，天赋过人，但没有后天的培养，没有主观上的勤奋努力，长大以后只是庸碌无成，王安石为此而惋惜，感到后天努力的重要，仅有天才而没有勤奋不可能成才，而天赋平常若能勤奋努力，也可以在专业领域做出贡献。

（2）"苦"。勤奋就会带来"苦"。"苦"是为了克服困难，努力以赴，处在逆境中的精神感受。书读不完、读不懂，问题想不通，文章写不好，都会苦恼、苦闷。有时候着急、烦躁、心神不宁。别人去娱乐、去休息，你却必须挤时间学习、研究、写作。别人能更多地和朋友交往酬酢或者去照料家务、教育子女，你却没有富裕的时间，为了事业，你必须做出牺牲，很少娱乐，很少休息，很少去照顾家庭和孩子，这会使你感到疲劳，感到内疚，感到痛苦。我想每

　　* 原载《繁露集》，北京，中国社会科学出版社，1997。

一位勤奋工作、勤奋研究的人都会有这种经历，都会有"自找苦吃"的感受。必须忍受种种艰苦，不怨天，不尤人，自我克制，坚持到底，做出牺牲，否则就搞不成学问。

（3）"乐"。"苦"和"乐"是一对矛盾，相互联系，相反相成。搞学问固然是"苦"事，但"苦"中有"乐"，苦尽甘来，长年读书、讽诵不辍，你能得到精神上的满足。特别在研究工作有所突破、有所进展时，会得到最大的愉快和欢乐，足以补偿你忍受过的痛苦。要能够苦中作乐，以苦为乐，并努力去寻求多日苦思不解、一旦豁然贯通的苦后之乐。不能吃苦、不肯吃苦的人当然成不了才，而在勤苦治学中寻求不到乐趣的人，也成不了才。别人在娱乐，觉得你孜孜读书是苦事，而你却"自得其乐"，"乐在其中"，因为你觉得读书研究，比其他娱乐活动有更大的乐趣。

（4）"迷"。乐到极处，就会进入"迷"的境界。一般生活中常有球迷、棋迷、戏迷、歌迷、影迷。读书、做研究也有许多入迷的人。有成就的学者对自己的专业具有深厚的感情，心爱得入了迷。就像迷恋自己的情人，达到废寝忘食、朝思暮想的程度，所谓"求之不得，寤寐思服，悠哉悠哉，辗转反侧"。全部思想感情专注在她身上，每时每刻都在惦念她，都想亲近她，任何力量都不能把她拉开，一往情深，如痴如呆。在其他问题上，心不在焉。唯独在专业上全神贯注，年深日久，自然在知识积累、学术成就上超过别人，成为专业上无与伦比的好手。

"勤""苦""乐""迷"四个字，构成四种境界，研究工作者从"勤"到"苦"到"乐"到"迷"贯通串连，依次进入这四种境界就能取得学业上的成功。其中"勤"是主要的，其他是派生的，"勤"是主体的投入，"苦""乐""迷"是投入后的主体感受，但这种感受可以促使主体更加投入。从"勤"到"苦"到"乐"到"迷"，入迷之后你会更加执着追求，更加勤奋努力，就又回到"勤"字，但这种"勤"是自觉自愿的，不是勉强的，这样，你就走上了一条良性循环的成才之路。从自身持久地产生前进的动力，从此勤奋不懈、不断前进，直至到达目标。

因此，成才之路，勤奋是最主要的。什么因素妨碍人们的勤奋努力，可能有如下情形：

（1）懒惰。不好读书、晃晃悠悠、饱食终日、无所用心。这样的人在科学事业上不会有什么成就。

（2）立志不高。虽然也在读书、研究，但要求不严、立志不高，只求达到一般水平，怕艰苦、怕困难，甘居中游。古人说："志乎上者，仅得乎中。"志向远大的人如果努力不够，只能得到中等成就，志向不高的人，又不努力，容易松弛下来，恐怕只能得到下等成绩。

（3）爱好太多，分散精力。一个人可以也应当有正当的爱好，运动、音乐、戏曲、棋牌、垂钓等等，以调剂紧张的生活，但爱好太多，心有旁骛、精力分散，就不能专心致志于专业，可能在专业上一事无成。

（4）家庭事务缠身。从事家务是应尽的义务，正当的责任。但要妥善安排，合理使用时间，不要沉溺于家务，不能自拔。

（5）名利心重，别有追求。研究工作是苦差事，也是穷差使，没有高官厚禄，没有权力财富。要甘于寂寞，淡泊名利，有一个较高的精神境界，才能安心做学问。一面读书研究，一面却想念着做官、经商和捞取外快，"一心以为有鸿鹄将至"。这样就安心不下来，做不好学问。

史家风范

历史学界的一代宗师*
——纪念陈垣教授

陈垣教授是杰出的进步学者，是历史学界的一代宗师。他学识广博，为学精核，治史缜密，毕生著述宏富，在历史学的各个领域做了大量开拓性的工作。他富有正义感和爱国思想，在敌伪的淫威下不屈不挠，大义凛然。他随着时代不断前进，从一位民主主义的学者，进而服膺马克思主义，晚年成为光荣的共产党员。我们纪念他，就是缅怀他的成就和贡献，学习他的人品和治学，激励自己和后人，继承他的事业，发扬他的精神，以弘扬中华民族的优秀历史文化。

陈垣教授出生于 1880 年，逝世于 1971 年，历经晚清、民国和中华人民共和国三个时代。这正是中国被侵略、被奴役，人民处于贫穷落后而奋起抗争、努力探索、不断前进，终于获得新生的时期；也是国难重重，饱经忧患，风雨如磐，而历史潮流汹涌澎湃，历经民主革命进入社会主义革命的时期。陈垣教授从青少年时代即接受进步思想，投身民主革命，又反对军阀割据，反对守旧复古，后乃潜心学术研究与教育工作。他的著作甚多，贡献卓越。他的一批学生在其教诲熏陶之下，济济多士，卓然名家，分布在各个地区和各种岗位上，成为新中国科学、教育方面的学术带头人。

陈垣教授经历了天翻地覆的伟大革命时代，也是中国历史学从传统学术，经过巨大的蜕化演变，承前启后，汇通中西，开拓前进的时代。这时期内，新的历史科学孕育、诞生、成长、发展，出现了一大批卓有成就的杰出历史学家，如章太炎、王国维、梁启超、

---

* 原载《历史研究》，1991 年第 1 期。原标题为《纪念陈垣教授》。

夏曾佑、陈垣、陈寅恪、顾颉刚等，稍后又有郭沫若、范文澜、翦伯赞等运用马列主义理论，把历史研究推向新的高峰。

这一批历史学界的大师从各方面开拓创造，犹如群星灿烂，光照长空。他们是中国学术界的精华，是中国史学界的骄傲。在短短的半个世纪产生了如此众多的史学大师和名家，是值得注意的现象，在悠久的中国历史上是绝无仅有的。这些大师治学有其共同点，即是热爱祖国、追求进步、研习民族文化，知识渊博而精深，功力厚实，研究面宽广，又能吸取西方文化的优秀部分，受过科学训练，接受某些西方思想的影响。但每位大师又各有特色，他们的专政范围、治学风格和贡献各不相同。

章太炎精通小学，治经学和子学，印证佛学，继承了古文学派的传统；王国维开辟了考古学、甲骨学及辽金元史，考事论史，多有创见，旁及于戏曲辞章；梁启超介绍历史研究法，涉猎广泛，其论学术思想史，多精辟之见；陈寅恪学贯中西，博闻强记，治隋唐史，兼及诗文；顾颉刚辨析古史传说之是非真伪，辟疑古之蹊径。他们的贡献和影响都是巨大的。而陈垣教授则在元史、宗教史、校勘学、年代学方面，用力最多，成绩最大。他以知识渊博、考释精审、学风严谨见称。他又是一位极重民族气节的学者，许多作品反映了他的爱国思想，如《明季滇黔佛教考》《通鉴胡注表微》都是针对日寇对中国的侵略，在沦陷区以笔当枪，口诛笔伐，有所为而发。他的宗教史研究，探究祆教、伊斯兰教、基督教、佛教在中国的传播，利用中外文献，抉幽发微，开辟了史学研究的新领域。他的《校勘学释例》在前人成果的基础上，又总结了自己校释《元典章》的经验，提出校勘四法，即对校、本校、他校、理校，上升到方法论的高度，是王念孙《读书杂志》、俞樾《古书疑义举例》以后之名作。还有他的年代学、史源学、史讳学均是嘉惠后学、树立典范的开拓性工作。

为什么在清末民初的几十年内产生了一大批史学大师和名家？他们成就之高、影响之大，后生晚学几难企及。这是史学史上值得深入研究的重要课题。当时，正是传统历史学发生巨大变化，进入近代历史学的时期，生活在这个变革时代中的杰出历史学家，既继承了中国历史学优秀的传统，具有广博的学识和扎实的学风，又接受欧风美雨的洗礼，睁眼见到了前人所未曾见到过的新世界，掌握了历史研究的新思想、新方法，发现了新的研究课题与研究资料，所以能够超越前人，新辟蹊径，把历史学推上新的高峰。试看包括陈援庵先生在内的那些大学者，他们虽与清代乾嘉诸老有一脉相承的渊源，但他们的历史观、方法论已受西方学术文化的影响，他们的研究范围、目的，论证的路数，使用的资料以至文字表达的风格已与前人迥异，可说是"青出于蓝而胜于蓝"了。

这次会议上，有的同志从区域文化的背景来理解陈垣教授和其他学人。这确实是有价值的研究视角。在研究近代的文化和政治时，区域性的人物群像时常突现在我们眼中，给人以启迪。例如，近代的广东就是极其令人注目的区域，从前，广东在政治上和文化上相对落后，明代有陈白沙，清初有屈大均、梁佩兰，人才屈指可数，学术文化较为冷寞。清代，广东经济有很大发展，对外贸易集中在广州一口，广州成为中西经济、文化交流最早的地区，又有阮元、林则徐、张之洞督两广，设书院、译书报，提倡文化，引进西学，甚至连公行商人也竞相出资刊印书籍，岭南之风气大开，产生了一批学者、诗人、科学家，如梁廷枏、朱次琦、黄遵宪、陈澧、詹天佑，政治人物则更为显赫，有洪秀全、洪仁玕、康有为、梁启超、孙中山等，新兴的岭南文化，孕育了一大批近代的政治家、学问家，陈垣教授也是其中的一位。

另一个可与岭南文化相媲美的新兴区域文化是湖湘文化。长沙的岳麓书院虽出现得很早，清初又产生过像王夫之那样的大哲学家，但湖南的文化环境也迟至近代才得到充分发展并日趋成熟。故王夫之的学说，如空谷足音，并无传流，埋没许久，几乎无人知晓，至近代而其学始显。清中叶，湖南经济发展迅速，又为南北商品交流的通路，其文化亦相应进步。贺长龄、陶澍、魏源等倡导于前，稍后曾国藩、胡林翼、罗泽南、左宗棠、彭玉麟、刘蓉均以儒生从戎。他们虽属于反革命阵营，以镇压太平天国为己任，却以绍述儒学自承，倡导学术、奖掖人才。湖南的风气从此大变，产生了一大批封建官僚和将领，也出现了一批学者和改革家、革命家，如王闿运、王先谦、谭嗣同、唐才常、皮锡瑞、黄兴、宋教仁、蔡锷等，可谓英才济济。五四运动以后，毛泽东、刘少奇、蔡和森等一批青年知识分子跃登历史舞台，接受马列主义理论，其力量巨大，影响深远，更超越前人，开辟了中国历史的新纪元。

第三个区域文化，发育较早，源远流长，即是江浙皖文化。这一地区经济素称繁荣，学术文化亦早有根基，明清以来，文人才士，层出不穷，科举中式者最多。长期以来是学术文化的中心，明代有姚江之学、泰州之学，东林书院、复社都是著名的学术流派和团体，清初则有黄宗羲、顾炎武等大师，清代中叶的乾嘉学派亦尽萃于斯，如吴派之惠栋、钱大昕、王鸣盛，皖派之江永、戴震、凌廷堪，扬州之汪中、王念孙、王引之、焦循、阮元，以及晚清浙江的俞曲园、孙诒让，直到近代又有章太炎、王国维、蔡元培、陈独秀、鲁迅、钱玄同、胡适、瞿秋白等人。这一区域在数百年内孕育出来的学者、文士、诗人、艺术家、科学家如群星灿烂，不可胜数。

近代历史上这三个区域的文化，相互颉颃，相互影响，竞秀争妍，各有产生发展的源流，各有其贡献和特色，江浙皖多大学者、大诗人、大文豪与艺术家、科学家，方法严谨、思想缜密、善于独立思考，其学风富科学和实证的色彩，直到今天，该地区仍为人文渊薮，产生了众多的科学家、文学家。岭南文化，受西方文化的影响较深，富哲理性，体大而思精，善于构筑思想体系，提出救国救民的纲领，如洪秀全的《天朝田亩制度》、洪仁玕的《资政新篇》、康有为的《大同书》、孙中山的三民主义，其学风富理想而浪漫的色彩。江浙皖地区似乎缺少这类胸怀宽广、目光如炬的思想家和政治家。湖湘文化注重实践，强调经世致用，突出了实行家的角色，如康有为之后，有谭嗣同、唐才常；孙中山之后，有黄兴、宋教仁。其学风富实践和事功的色彩。至于毛泽东等接受和传播马克思主义，气概磅礴、包罗万千，思想内容焕然一新，成为革命的伟大领袖，中国新文化的奠基者、开创者。

这次会议上，有的同志提出"南学"的概念，建议弘扬"南学"的优良传统，我深表赞成。各个区域文化都有其深厚的根基和优长的特色，发扬各个区域文化的优良传统，即能在全国范围相互交流，取长补短，使我国社会主义新文化更加丰富多彩。据我的理解："南学"即是岭南文化，它与湖湘文化、江浙皖文化相对应，三者是近代史上最光彩夺目的区域文化的奇葩。这三个区域文化何以得到长足的发展？其经济条件、文化渊源、学术特色、社会贡献以至门类和流派、人物群体结构都值得进行深入研究。

有的同志还提到了更加重要的北京文化。我认为：近几百年来，北京的地位是特殊的，是历代的首都，政治和文化的中心。北京文化汇集了全国各地的文化，如百川归海，博采广纳，融会贯通。任何区域文化，都力图使其影响扩展到首都，也只有在首都占领了阵地，才能成为"显学"，造成全国性的影响。北京形势，如高屋建瓴，其风气常可欹动和风靡全国。学者们大多也来到北京，广交天下名士，博览古今图书，以使学业精进，臻于大成。从清代中叶说起，如戴东原、钱大昕、段玉裁、王念孙、王引之、阮芸台、龚自珍、魏源、康有为、梁启超、王国维、陈独秀、鲁迅、陈寅恪、陈垣等大多在北京居留了相当长的时间，这对于他们的思想发展和学术成就是很有关系的。

陈垣教授生于广东新会，青年时代在广州求学，得风气之先，据说他很钦佩乡先贤陈兰甫。我在50年代，听过他一次讲话，谈到他求学时代与康有为万木草堂弟子们之间的接触往来，可见他青年时确受岭南文化之熏陶。早年又研读医学，经过科学方法的训练，像鲁迅、郭沫若那样。受过医学那样高度严密的科学训练，对他们以后转攻文学、史学是不无影响的。但陈垣教授以后长期住在北京，将近60年之久，他转治史学也在到北京之后，对他影响最大的还是清代的主流学派，即乾嘉学派。陈寅恪教授以为陈垣之学识渊博、考释精审可比嘉定钱竹汀。他的学风似和康、梁迥异，也不同于湖湘之学。在他的作品中，可以感受到求实证验的学风与进步的时代精神、强烈的爱国思想相结合，当然，他治学方面宽广，不是三言两语所能概括。陈垣教授是中国近代杰出的史学大家，希望能把他放在时代的大潮流里，放在一批学术大师的行列中进行研究，正确地认识他在近代史学史上的地位和作用，发扬他的优良学风，继承他的学术事业，发展他所开拓的学术领域，获得新的成绩。

时代需要的历史学家[*]
——纪念范文澜同志

1993 年是尊敬的范文澜同志 100 周年诞辰。范老是老一辈无产阶级革命家，是杰出的马克思主义史学大师，又是中国史学会的创始人和早期的领导人。

范老是用马克思主义立场、观点、方法研究中国历史最有成就、最早的历史学家之一。他的两部著作，一部是《中国通史简编》，一部是《中国近代史》，全面地、系统地阐明了中国的全部历史，教育、影响了后代的历史学家，也教育影响了当时千千万万的革命者。范老的著作很多，这两部著作可以说奠定了他在历史学界崇高的、不朽的地位。用历史唯物主义观点阐明全部中国历史，范老是第一个，当然，还有很多老一辈历史学家，做了很多卓越的开创性工作，但他们没有写过中国通史，范老是第一个用马列主义写中国通史的。而且他的著作，观点鲜明，见解精辟，学识贯通。他的文章很有特色，具有中国民族的气派，大家的风范。他的作品风靡一时，经久不衰，不仅我们历史学者、社会科学工作者经常阅读，而且是当时许多革命干部案头的必读书。一个伟大的时代，必然会涌现出一大批伟大的、杰出的人物，群星灿烂，立功立言，造福后人。20 世纪前期，中国从半殖民地半封建社会经历了民主革命、社会主义革命，推翻了三座大山，建立了中华人民共和国，新中国巍然屹立于世界的东方，这是一个伟大的时代，因此，产生、涌现了以毛泽东为首的一大批在各个领域里的杰出人才，我们历史学界也产生了像郭沫若、范文澜、吕振羽、翦伯赞、侯外庐这样一大批人物，他们各方

---

　　* 原载《近代史研究》，1994 年第 1 期。原标题为《纪念范文澜同志》。

面的学术成就都很高，对我们后人来说有一种高山仰止、心向往之的心情，崇敬、仰望，几乎是不可企及的境界。为什么会产生这样一大批人物呢？我想，这是时代的产物，时代需要他们，时代也造就了他们。对于范老及范老的著作，必须放在这样一个大的时代里面，才能充分理解范老的为人，他的治学，他的著作的价值、影响。

范老的这两部书，写作于抗日战争后期和全国解放战争时期，这时，中国共产党已走过了饱经忧患的幼年时代，逐渐走向成熟，毛泽东思想已在全党确立了领导地位，中国革命正在大踏步走向胜利。在这样的时候，这样的形势下，需要有一部用马列主义观点来阐明中国历史的书，这样的书，马、恩、列是不能代替中国人来写的，任何外国人都不能越俎代庖，只有中国人自己来写。而中国革命的领袖们，忙于领导革命战争，也不可能来写。这时，就产生了一批革命的学者。而且，在这个时候，我们党不仅在政治上成熟了，而且有一整套正确的理论，对于中国社会的性质，对中国的一些重大历史事件和历史人物，经过长期争论、研究，有了比较正确的一致的认识。在这样的形势下，写作一部科学的、系统的中国历史，不仅是必要的，而且有了可能。范文澜同志正是在这个形势下、这种条件下投入了极大的力量，经过了艰苦的劳动，呕心沥血，创作了这样两部杰出的著作——《中国通史简编》和《中国近代史》。这样两部书，当然是范老个人的作品，而在某种意义上，也是时代的要求，是时代精神的体现，它集中了当时革命者的许多智慧，第一次系统地说出了革命者对中国历史的全部看法。对范老的作品、他的为人、他的评价，要放在这样一个大的时代背景之中才能更好地得到理解。

我们党领导的中国革命，不是历史上的改朝换代，而是一次深刻的翻天覆地的革命，在政治、经济、文化各个方面都是非常深刻的变革。因此，过去封建的、资产阶级的、官方的历史不能不重新加以阐明，把它颠倒过来，站在人民的立场上加以叙述、总结。这是当时推进革命的需要。这样的书，一旦产生出来，必然成为革命者的锐利的思想武器。我第一次阅读范文澜同志的《中国通史简编》，是在北大史学系读书的时候，是一个青年学生，当时也看过一些历史书。但这部历史书与众不同，与以前看的都不一样，观点新颖，气势磅礴，站在劳动人民的立场上指点江山，评论千古，给人一种振聋发聩、耳目一新的感觉，给人极大的震动。当时我想即使以后我不搞历史专业，不成为一个职业的历史工作者，我也会牢牢记住范老这本书给我的印象，确实是一种启蒙的作用。中国人从前学习政治、文化知识往往通过读历史书，历史书是知识的主要源泉之一。以往封建统治者把《资治通鉴》当作他们的政治教科书。正在迎接革命胜利的人民，也需要有一种教科书，但《资治通鉴》不能起作用。范老这两部书可以看作革命时代的《资治通鉴》，是当时革命人们所需要的《资治通鉴》，它的意义价值也就在这里。当然，这两部书写作于解放区那样非常艰苦困难的条件下，时间也较仓促，没多少参考书可读，也没很多人可以进行研究，不像我们今天可以开个讨论会、座谈会来提意见，进行反复修改，不可能精敲细打，因此，这两部书也都带有一些缺点。这两部书全部的优点、缺点都是时代的产物，带着时代的烙印，带有时代的特征。我觉得范老的这两部著作，是时代精神的体现，教育、影响了后代历史学家，也教育、影响了千千万万的革命者，这是研究范老的一个主要着眼点。

当然，范老的知识、学问、道德文章，有口皆碑，所有接触过范老的人，都知道他的优长的地方，确实是我们后人学习的楷模。时代需要这样的历史学家，时代也造就了这样的历史学家。

融学术、哲理、诗思于一身*
——纪念翦伯赞同志

翦伯赞同志是杰出的马克思主义历史学家，是中国史学会的缔造者。1949年以前，他和郭沫若、吴玉章、范文澜等老一辈史学家一起，倡议成立中国史学会。翦老的一生，坚持革命，坚持马克思主义，坚持走社会主义道路。他为发展和繁荣祖国的历史科学，为宣扬、捍卫马列主义，英勇奋斗，奉献了一生。

我最早见到翦老是在1946年，当时我是上海交通大学的学生，学生会邀请他来做过两次报告。翦老给我的印象是：既是学识渊博的学者，讲话时旁征博引、口若悬河，很有条理，又是反对国民党反动统治的坚定勇猛的战士，十分尖锐地揭露国民党的罪恶。他给我留下了非常深刻的印象。新中国成立以后，翦老在北京大学工作，我虽然没有机会在他身边工作，但经常在会议上聆听他的教诲，也曾几次个别接触，向他请教在工作中和学习中的问题。翦老是位大学者，但谦恭和蔼，平易近人，丝毫没有架子。他很喜欢和青年教师交谈，帮助青年们成长，真是一位循循善诱的好导师。

翦伯赞同志的学术成就很高。他治学的一大特色是把历史学、哲学、文学熔于一炉，把三者有机结合起来。他是历史学家，但又是一位出色的哲学家，他的作品极富哲理性。他早年所写的《历史哲学教程》，是我国第一部系统阐明马克思主义唯物史观的理论著作，观点鲜明，思想深刻，富有战斗性。这部书在抗日战争时期影响甚大，教育了大批青年。新中国成立以后，他的几篇史学理论文章流传甚广，影响甚大。他熟悉马列主义，全面、准确地理解马列

---

* 原载《高校理论战线》，1999年第6期。

主义，善于对历史过程做理论思考，故而他的作品有史有论，寓论于史，史论结合，具有理论的深度。

荼老还是一位出色的文学家，善于使用生动形象的语言来讲述历史过程和历史人物，故文章优美流畅，令人百读不厌。我早年读他的《中国史纲》，不仅学到了许多历史知识，而且被他精彩的语言、典雅的辞章、诗画般的描述所吸引。他后来写的《内蒙访古》就是一篇代表作，用生动的形象来表述历史的变迁，读起来兴味无穷，可以说是开创了历史散文的新体裁、新道路。

中国古代文史哲不分家，司马迁既是史学家，毛泽东称他也是伟大的文学家；庄子的哲学思想很深邃，他的文章也生动飘逸；宋朝欧阳修既是文章诗词的大手笔，又是杰出的史学家，撰写了《新唐书》《新五代史》；明末清初的王夫之写过许多著名的哲学著作，也写了《读通鉴论》《宋论》《永历实录》等史论和史书。翦伯赞同志继承和发扬了中国古代优秀知识分子的传统，熔文史哲于一炉。他的许多作品，既给人以真实的历史知识，又蕴含着丰富的哲学智慧，而且文采斐然，用生动的文学语言，给人以美的享受。将史学、哲学、文学熔于一炉，这是翦伯赞同志学术风格的重要特色。

翦伯赞同志为捍卫马克思主义历史科学做出了卓越贡献。50年代末和60年代初，社会上盛行一股"左"的思潮，影响到历史学界，片面强调阶级斗争，拔高农民战争，否定历史上的杰出人物，对马克思主义做简单化和公式化的理解。当时，能够和敢于挺身而出，顶住这股歪风邪气的就是翦伯赞同志。他写了几篇著名的文章，如《对处理若干历史问题的初步意见》《目前史学研究中存在的几个问题》，结合当时史学界的状况，阐明了史学理论中的基本问题，如历史主义与阶级观点、历史人物的评价、经济基础和上层建筑、古与今、史与论、民族主义、让步政策等。我听了翦老有关这些问题的讲演和发言，在当时笼罩着一片"左"的迷雾的形势下，真是如拨云雾而见天日，振聋发聩，指点迷津，让人受益匪浅，对史学界的影响和教育甚大。但翦老也因此而在"文化大革命"中受到冲击，翦老是继吴晗之后在历史学界第二位被公开点名批判的。1967年春，文化界一大批名人遭到批判，包括经济学界的孙冶方，文学界的田汉、夏衍，历史学界的翦伯赞、邓拓。现在回想：当年翦老那种高远的理论见识、大无畏的理论勇气，尤其值得我们学习和钦佩。一个好的历史学家就是要能独立思考、探索新知，在大风大浪中不转向；就是要有勇气，威武不能屈，坚持真理，无所畏惧。翦老是我们的好榜样。

翦伯赞同志还是一位真诚的、热情的爱国主义者。他是维吾尔族人，热爱我们这个由许多民族共同缔造的祖国大家庭。抗日战争中，他写了许多南明史的文章，如《桃花扇底看南朝》《南明史上的弘光时代》《南明史上的永历时代》等，结合抗日战争的实践，讲述300年前的南明史，其笔锋指向日本侵略者，指向出卖国家主权的汉奸卖国贼，歌颂了反侵略的英雄人物，写得生动感人，可歌可泣，对广大群众进行了爱国主义的教育。尽管翦老后来自己说，当时的文章有缺点，以古人影射时人，但在今天看来，那是在国民党思想统治很严密的情况下的作品，是不得已的手段。以古讽今，吐露爱国的心曲，这些文章的学术价值和现实意义还是应当充分肯定的，它反映了翦老满腔热忱，关心祖国前途、命运的爱国主义精神。

总之，翦伯赞同志是20世纪中国杰出的历史学家。他治学的范围、途径很有特色，形成了自己的风格。他对历史学界的影响是很大的，他的著作是留给历史学界的珍贵遗产。我们应当学习、继承和发扬他的革命精神、求实精神以及捍卫真理、热爱祖国的精神，为繁荣中国的历史科学而努力。

邓拓与历史科学[*]

邓拓原名邓子健，笔名邓云特、左海、殷洲、马南邨、于遂安、丁曼公、卜无忌、高密、鸥子、向阳生等，1912 年 2 月 26 日出生于福建省闽侯县（今福州市）。他在青年时代就接受了马克思列宁主义，献身于伟大的中国革命事业。1930 年，他刚满十八岁就参加了党领导下的左翼中国社会科学家联盟；同年，参加了中国共产党。九一八事变后，他积极投身于轰轰烈烈的抗日救亡运动。七七事变后，他投笔从戎，和一批爱国知识青年一道由太原到达晋东北五台县抗日斗争前线。在晋察冀革命根据地，他先后担任中共晋察冀中央局宣传部副部长、《抗敌报》和《晋察冀日报》社社长、新华通讯社晋察冀分社社长等职。新中国成立后，他先后担任党中央机关报《人民日报》社总编辑、社长，中共北京市委书记处书记，1966 年 5 月被林彪、"四人帮"迫害致死。

邓拓一生的成就是多方面的。他不但是杰出的无产阶级政治家、记者，著名的作家、诗人、散文家、书法家，古代文物和艺术珍品的鉴赏家，而且是优秀的马克思主义历史学家，在历史研究方面，有独到的见解和卓越的成就。今年是他逝世二十周年的日子。在这个值得纪念的日子里，重新研究他的史学论著，正确评价他在历史学领域的成就，是我们历史工作者对他最好的纪念。

一、参加中国社会史论战

30 年代，正当国民党对共产党发动反革命围攻之际，我国思想

---

* 原载《历史研究》，1986 年第 3 期。与李华同志合写。

理论界展开了中国社会史问题的论战。以中国共产党领导下的马克思主义社会科学家为一方，以托派和国民党文人为另一方，围绕着中国社会性质问题和中国社会史问题，展开了激烈的争论。刚满二十三岁的邓拓，积极地投入了这场具有重大意义的思想斗争。

托派分子和国民党文人无视中国封建社会历史的实际，公然说什么鸦片战争以前的中国不是封建社会，而是早已进入了"商业资本主义社会"。他们说："中国商业资本主义已有几千年的发展，历史上的封建主完全没有了。土地可以自由买卖，因而集中到商业资本阶级手中。因此，中国所谓封建势力，只有商业资本家。"他们认为："周朝的末期，商业资本主义已发达起来，最显著的是齐，在春秋时代首先称霸的便是资本主义的齐国。"如此等等。他们鼓吹"商业资本主义社会"说，目的是企图否认中国当时是半殖民地半封建社会，否定中国共产党领导的反帝反封建革命。邓拓在 1935 年、1936 年先后在《中山文化教育馆季刊》第二卷第四期和第三卷第三期上发表了《中国社会经济长期停滞的考察》《再论中国封建制的"停滞"问题》等文章，对这种错误论点，给以有力的驳斥。

众所周知，无论中国的或是其他国家的封建主义生产方式都建立在地主剥削农民的基础之上，其经济结构都是自给自足的自然经济占主导地位，这是判断封建社会性质的主要标志。当然，中国的封建社会具有与别国不同的特点，这主要表现在：商品经济有一定程度的发展，早在春秋战国时期就有了发达的商业，出现了一些在政治上和经济上较有影响的大商人。为什么有这个特点呢？重要原因在于中国的土地制度与其他国家有所不同，中国是封建土地私有制占主导地位，土地可以自由买卖，在客观上为商品经济的活跃、商业资本的发达，创造了必要的条件。但绝不能因此而得出中国早在春秋战国时期就是什么"资本主义社会""商业资本主义社会"的结论。邓拓批驳说："某些研究者只看到战国以后的若干特点，就武断地说，中国的社会早已是什么商业资本主义社会或别的什么社会了。这是同历史开玩笑。"

商业资本是很古老的资本形态，在人类历史上很早就存在着。

斯大林在《苏联社会主义经济问题》中说："商品生产比资本主义生产更老。它在奴隶制度下存在过，并且替奴隶制度服务过……它在封建制度下存在过，并且替封建制度服务过"，"不能把商品生产和资本主义生产混为一谈"。在封建社会，商品经济的发展，确能对自然经济起着一定的分解作用，但不能估计过高，马克思在《资本论》中说过："就它本身来说，还不足以促成和说明一个生产方式到另一个生产方式的过渡"。邓拓运用马列主义的原理，精辟地分析了中国古代社会经济的历史，正确地指出："从西周到清代鸦片战争以前，在这一个长时期中，都是封建制度的历史，这是事实。但是它和其他社会形态一样，曾经有许多发展变化，可以划分成若干小阶段；虽然在根本性质上说，它们还没有什么根本的变化，它们都还是封建社会。"因此，那种认为春秋战国时期，商业资本比较发达，就说当时中国已经是"商业资本主义社会"，是十分错误的论调。

邓拓根据马克思列宁主义的原理，论述了划分社会经济形态的基本标准和商业资本的作用，指出："商业资本自身既不能建立任何生产方法，也不能造出任何剩余价值，它只有附丽于既存在的生产方法而活动。"所以，中国历史上根本就不存在过什么"商业资本主义社会"，更不能得出春秋战国时期不复存在封建制度，已经是"资本主义社会"的结论。

除了驳斥"商业资本主义社会"说之外，邓拓还对中国古代社会的许多重大问题进行了探讨。他于 1936 年《新世纪》第一卷第三期上发表了《论中国经济发展史中的奴隶制问题》一文，运用马列主义原理，研究了世界各国的奴隶制度，并与中国的古代历史相对照，指出：中国和古希腊罗马一样，同样经过了奴隶社会。他写道："东方和西方各民族的许多历史事实，明白地告诉了我们，奴隶制是世界一般民族共同经过的历史阶段，它并不仅仅是古代希腊罗马所特有的。"世界各国的"奴隶制度显然是有各式各样的色彩浓淡不同的多种形式"，这样就构成了各个国家奴隶制的不同特点，"我们不应当机械固执一种形式去衡量一切"。尽管各个国家奴隶制都有着自己的特点，但是，"各种形式的奴隶制，在本质上是同一的"。

邓拓还有力地批驳了美化帝国主义侵略的"外铄论"。自从 1840 年鸦片战争以后，在外国资本主义的侵略下，中国从封建社会逐步沦为半殖民地半封建社会，中国人民蒙受着屈辱和灾难。有人却讴歌这一变化，认为"帝国主义促进了中国经济的进步"，"帝国主义本身是代表高度的资本主义势力……它绝对地破坏了中国封建势力……促进和发展了中国城乡的资本主义"。有的甚至说：鸦片战争以后，由于外力的作用，中国已从封建主义进入了资本主义。他们说："中国资本主义的发展不是内在的，而是外铄的"，"现在乃至将来，关于中国资本主义，帝国主义的资本仍有伟大的作用与影响"。按照他们的逻辑，帝国主义的侵略给中国带来了进步和幸福，中国人民不但不应该反对帝国主义的侵略，反而应该对它感恩戴德。邓拓于 1937 年在《中山文化教育馆季刊》第四卷第一期上，发表了《中国近代资本主义发展的过程及其特性》一文，尖锐地批判了"外铄论"，指出那些"自命为'新历史家'"的人们，"却认为近代中国社会的发展是受了外力的影响，并且认为在外力影响之下，中国已经变成资本主义社会了"，"这是一种荒谬的理论，应该受到批判"。邓拓根据马克思主义关于内因与外因相互关系的原理，指出：外因虽对社会发展起重大的作用，但起决定作用的却是内因，从而指出了"外铄论"者在理论上的错误。邓拓进一步论证了中国封建社会后期"已经有了某些资本主义的因素，但是这些只是某种程度的量的变化，而不是质的变化"。在鸦片战争以前，"当时手工业的经营还没有达到工场手工业的完成阶段"，"所以在闭关形势打破之后，经不起外国资本主义的打击，才会变成国际资本主义统治下的半殖民地的经济结构"。他深入地剖析了中国近代历史的发展过程，指出在外国入侵以后的五十多年，即中日甲午战争之后，"中国自己的机器工业，仍然不能建立，仍然不能自动转向产业资本主义的发展道路"。因为这时，外国资本主义向帝国主义阶段发展，由商品输出转化为资本输出，从而"堵塞了中国自身工业化的道路"，"造成了从封建社会经济结构到半殖民地半封建经济结构的历史转变的基础"。邓拓从理论上和史实上粉碎了美化帝国主义侵略的

"外铄论"，证明帝国主义的侵略只能把中国变为帝国主义的原料基地和商品市场，变为殖民地或半殖民地，绝不能把中国变成资本主义社会。邓拓还指出了中国革命今后的道路，他说："现在我们还可以进一步相信，所谓新的产业革命，绝对不会是资本主义的，而必然是社会主义的。因为旧中国的命运，已经昭示了资本主义的'此路不通'。"

中国社会史论战，不是单纯的学术争论，而是一场尖锐的政治斗争。反动派为配合反共的军事"围剿"，发动了文化"围剿"。他们披着历史研究的外衣，攻击马克思主义理论，曲解中国社会的性质，以否定我党反帝反封建的政治纲领，从思想上扼杀中国革命。青年时代的邓拓运用马克思主义的理论武器，以渊博的知识，犀利的笔锋，批判了种种谬论，捍卫了我党的纲领、路线，并对开拓马克思主义的历史科学做出了贡献。

二、中国救荒史的研究

《中国救荒史》一书，是基于邓拓在河南大学经济系的毕业论文而写成的。这本专著，观点明确，史料丰富，是我国现代学术史上第一部研究中国历代灾荒的专著，1937 年由商务印书馆列入"中国文化史丛书"出版。

我们知道，所谓灾荒，乃是由于科学技术不发达，人类不能控制、征服自然界的结果。但在阶级社会里，自然灾害的严重程度总是和统治阶级的腐败密不可分。统治者荒淫无道，横征暴敛，自然灾荒就会接踵而至，甚至可以出现小灾大荒，无灾有荒。邓拓运用马克思主义的阶级分析法研究我国灾荒史，在《中国救荒史》一书的绪言中指出："一般地说，所谓'灾荒'乃是由于自然界的破坏力对人类生活的打击超过了人类的抵抗力而引起的损害；而在阶级社会里，灾荒基本上是由于人和人的社会关系的失调而引起的人对自然条件控制的失败所招致的社会物质生活上的损害和破坏。"正是在这一科学认识的指导下，邓拓探究了历代的灾荒历史和救荒措施，上自远古、殷商，下至 20 世纪 30 年代国民党统治时期为止，历述灾荒的实况，产生灾荒的原因，灾荒给社会经济造成的破坏、给劳动人民带来的灾难，以及历代对灾荒的对策及其利弊，等等。他指出："我国灾荒之多，世界罕有，有文献可考的记载来看，从公元前十八世纪起，直到公元二十世纪的今日，将近四千年间，几乎无年无灾，也几乎无年不荒。"他根据丰富的资料，其中包括国民党政府的公报和各种新闻报刊，统计了从民国元年（1912 年）以来二十多年的灾荒，"各种较大的灾荒，就有七十二次之多。计水灾二十四次，旱灾十四次，地震十次，蝗灾九次，风灾六次，疫灾亦六次，雹灾四次，歉灾二次，霜雪之灾二次"。而每次灾害，少者一省，多者蔓延至十余省，"大都同时迸发"。仅 1935 年一年，长江、黄河同时泛滥，鄂、湘、赣、皖、冀、鲁、豫、苏八省，尽成泽国，灾民两千余万，财产损失高达四亿多元，其严重程度可想而知。邓拓着重地指出，造成连年灾荒的自然原因固然很重要，但是，"纯粹拿自然条件来解释灾荒发生的原因，实在是很肤浅的"。他指出："我国过去数十年间，由于政治的腐败，封建剥削的严酷，战争的频繁，不仅水利组织只有破坏而很少建设，森林也大多被毁灭，加以广大农村经济破坏，农业恐慌的侵袭，就使灾荒接连爆发，不可收拾。"这样，就揭示了造成灾荒的政治原因，也无情地揭露了北洋军阀和国民党反动派的黑暗统治。他还指出："战争也是造成灾荒的人为条件之一"，并举出自民国初年以来战争连年不断的事实。"自民国元年至民国二十二年间，国内大小战争约达七百次以上。若以省为单位来计算，则二十二年间发生的战争，当在一百五十次以上。两月一小试，五月一大打，杀人盈野，不在话下。"战争的结果，大批有生力量被消灭。就 1933 年河南省来说，"因战事死亡人口达十二万余口，受伤人口十万九千五百余口，逃亡在外者达一百一十八万五千余口，被军队拉夫达一百二十九万七千七百余口，其中因以致死者三万余口，而兵士之死亡尚不在内"。

《中国救荒史》对中国历史上，特别是国民党统治时期，灾荒给劳动人民造成的苦难和给社会造成的动荡，做了详细的统计，指出："灾荒严重发展的最主要结果，就是社会的变乱，所谓社会变乱的主要形式，不外是人口的流移死亡"，乃至人民群众被迫揭竿而起，自发起来反抗。就人口死亡来看，从民国九年（1920 年）到民国二十五年（1936 年）十六年间，据不完全统计，全国"死于灾荒的人口已达一千八百余万之巨"。如果再加上遗漏的数字，"死亡的人数当更加惊人"。人口大量死亡，农村劳动力严重缺乏，又使灾荒加剧；即使有肥沃可耕的田地，因人力不足，也只得任其荒芜，使整个社会呈现出衰微破败的景象。

邓拓研究中国救荒史，是怀抱着济世利民的满腔热忱。他把研究工作放在为群众谋福利、与现实相联系的基础之上。他十分重视"救荒"工作，说："明了了'灾荒'的意义也就知道了'救荒'的意义了。所谓'救荒'就是人们为防止或挽救因灾害而招致社会物质生活破坏的一切防护性的活动。"他勤奋努力，孜孜以赴，希望总结救荒工作的历史经验，作为当时和以后的借鉴。他说："把历代的人对自然控制的具体关系和防止或挽救因为这种关系被破坏而产生的灾害所采取的一切政策思想记述下来，找出经验教训，这就是救荒史研究的对象和目的。"又说：救荒史"不仅要记述历代灾荒的实况和救济政策，而且要记述和分析历代社会经济结构的形态和性质的演变以及它们和灾荒的关系。因此，救荒史不仅应该揭示灾荒这一社会病态和它的病源，而且必须揭发历史上各阶段灾荒的一般性和特殊性，分析它的具体原因，借以探求防治的途径"。"从救荒事业发展的程度上可以测量人类控制自然的能力的大小，可以作为人类文化进步程度的一种标志。"

《中国救荒史》是邓拓在五十年之前，年仅二十四岁时写的一部优秀著作。该书不仅历史资料丰富，而且能够运用马列主义的基本原理，结合中国的历史实际，对史料进行了去粗取精、去伪存真、由此及彼、由表及里的精辟分析，因而得出的结论是正确的、有益的。它在历史学上是一部开创性的专门著作，在今天仍然具有重要的科学价值和现实意义。

三、资本主义萌芽的研究

1954年，学术界开展了对《红楼梦》的讨论。1955年1月9日，《人民日报》发表了邓拓《论〈红楼梦〉的社会背景和历史意义》的长篇文章。邓拓通过研究清代中叶的社会背景来认识《红楼梦》的伟大意义和作者曹雪芹的创作思想。他运用大量的资料，深入而系统地论述了清代康雍乾盛世政治、经济、思想、文化等方面的情形，勾画出孕育了《红楼梦》这部巨著的历史环境。他指出："当时的中国是处在封建社会开始分解、从封建经济体系内部生长起来的资本主义经济因素正在萌芽的时期。虽然，作为当时占支配地位的决定着社会性质的还是封建经济，因为当时的社会还是封建社会。"这样一个社会经济繁荣发展、封建统治相对稳定的封建末期，必然对当时作为上层建筑并作用于经济基础的哲学思想、文学艺术乃至阶级关系的变化，产生深远而微妙的影响。因为"这个时期的封建社会毕竟不同于以前的任何时期。它已经产生了新的因素，其标志是：在封建经济内部生长着新的生产力和生产关系的萌芽，代表着资本主义关系萌芽状态的新兴的市民思想明显地抬头了"。由此，他得出结论："《红楼梦》应该被认为是代表十八世纪上半期的中国未成熟的资本主义关系的市民文学的作品。"而《红楼梦》的作者曹雪芹，"就是属于贵族官僚家庭出身而受了新兴思想影响的一个典型人物"。邓拓列举史实，指出曹雪芹是一个"充满着个性自由、思想解放和人道主义的作家"。"作者的这种思想倾向，显然是受了当时反映着萌芽状态中的资本主义关系的发生和发展的新兴市民思想的影响"，"基本上是站在新兴的市民立场上来反封建的"。邓拓三十年前对《红楼梦》和曹雪芹思想的评价，特别是"市民文学说"是否完全允当，今天看来是可以讨论的学术问题。但他在新中国成立初期，较早运用历史唯物主义的原理，把文学作品放置在一定的历史背景之下进行考察，这种研究方法无疑是可取的。这篇文章在文学界和历史学界产生的影响是巨大的、深刻的。文学界的许多人受其影响，接受了他的观点；历史学界也受其启发，研究资本主义萌芽从此成为长久不衰的热门课题。

在资本主义萌芽研究方面，邓拓用心之苦，用力之勤，令人感动。他在《历史研究》1956 年第 10 期上，发表了《从万历到乾隆——关于中国资本主义萌芽时期的一个论证》一文，"采取了史籍研究和实地调查相结合的方法"，对北京附近门头沟的煤矿业和其他地区的几种手工业进行了调查，搜集了许多有价值的史料，从而在某些重要的方面，填补了我们已有的历史知识的缺陷。

他为了研究门头沟煤矿业资本主义萌芽的状况，不辞辛劳，跋山涉水，调查了一百多座民窑的遗迹，访问了多位老窑主和老窑工，收集了大量煤窑的契约文字，由明万历"截至乾隆末为止的共有一百三十七张，另有民窑文约登记本和帐单各一，民窑业主的家谱一册，民窑争执的诉讼状两纸和一个抄本，还窑图两张"。他利用这些原始资料，结合开调查会，进行了综合的分析，对历史上门头沟一带煤矿业中民窑的分布、数量、规模、雇佣关系、经营方式、采煤手工业劳动者的生活状况、反抗斗争以及民窑与封建势力的相互关系等，进行了深入的分析，得出门头沟煤矿在明清时代存在着资本主义萌芽的结论。这种把调查研究、原始契据与文献资料相结合的研究方法，在历史研究工作中是一个突破，一项创举。在此以前，学术界对资本主义萌芽的研究和争论，多局限于长江三角洲及东南沿海一带的城市手工业，对北方一带有无资本主义萌芽，缺乏研究。邓拓对北方资本主义萌芽的研究，起了开创性的作用。他经过研究之后说："中国资本主义因素的萌芽不仅仅在东南沿海地区出现，而且在北方地区，例如在北京近边同时出现。"这一结论，是中肯的、令人信服的。

邓拓还运用调查研究与历史资料相结合的方法，对北京历史上的工商业进行研究。北京，作为辽、金、元、明、清的古都，有不少享有盛誉、历史悠久的店铺，如崇文门外大街路西的万全堂中药

铺，和同仁堂药店同出一源，是著名的老店。邓拓"打算把万全堂
当作一只麻雀进行解剖，借以研究清代北京商业史"。当时他收集了
万全堂大量的原始档案，其中有房契、根账、铺规、合同等资料，
它们对研究万全堂的发生、发展和衰落，有很高的史料价值。由于
邓拓生前公务繁忙和政治运动的频繁，未能完成此项研究工作。这
批珍贵的档案，后经刘永成同志整理、标点，以《崇文门外万全堂
药铺资料辑录》为题，发表在《清史资料》第一辑上，供研究北京
商业史者利用。

邓拓还对驰名遐迩的北京"六必居"酱园做了调查。据传说，
"六必居"创办于明朝嘉靖年间，该店的匾额"六必居"三字，即出
自当时的权相严嵩之手。1965 年，邓拓来到"六必居"所属支店
"六珍号"调查，并借阅"六必居"的大量房契和账本，计有"旧房
契九张，根帐一本，众友使银帐一本，财东赵宅友银帐一本，取房
租帐一本，收买六珍号本银帐一本，房租折两本，另有临汾会馆文
墨拓五张"。邓拓根据这些原始材料，写成《"六必居"的材料证明
了什么？》一文。邓拓对"六必居"的来历进行考证，发现这些原始
资料中最早的是康熙十九年（1680 年）的一张房契，这张房契是在
酱园创始不久以后订立的。又从账簿上查出，"六必居"作为酱园字
号出现是乾隆六年（1741 年），而雍正六年（1728 年）账本上，酱
园的名称叫作"陈升号"。由此可以得出结论："六必居"大约创始
于康熙前期，其名称是由"陈升号"演变而来，从而纠正了"六必
居"创始于明代和严嵩题匾的传说。

邓拓对中国资本主义的研究，对明清北京经济史的研究，做了
难能可贵的努力，特别是他用解剖麻雀的办法，进行微观研究，亲
临现场，进行调查，获得了大量珍贵的第一手资料，开辟了历史研
究的新途径。他说："我希望有更多的同志进行这种调查研究，从各
方面收集系统的资料，用马克思主义的观点和方法加以整理、分析
和综合，使中国资本主义萌芽时期的历史问题以及中国近代社会经
济发展过程中的许多问题，能够得到进一步的解答。"

四、写作《燕山夜话》和《三家村札记》

从 1961 年起，邓拓在工作十分繁忙的情况下，挤出时间，写了大量短文章。和吴晗、廖沫沙一起，在《前线》杂志开辟了《三家村札记》专栏，笔名吴南星；又单独在《北京晚报》开辟了《燕山夜话》专栏，笔名马南邨。这些文章，熔理论、历史和现实于一炉，寓意深远，富有启发，文字隽永，涉笔成趣，受到广大读者的热烈欢迎。就像作者在《燕山夜话》第一集出版时所说："《燕山夜话》本来的目的是为工农兵服务的。"他抱着把自己的知识、才能贡献给广大群众的愿望，通过总结历史的经验教训，针对社会上的实际问题，宣传历史唯物主义和爱国主义，提倡读书，帮助大家学习文化知识，提高工作能力。

《燕山夜话》和《三家村札记》中，几乎每篇文章都离不开历史，或者从历史引申到现实，或者从现实追溯到历史。由于作者具有渊博的历史知识，引用的史事有根据、有选择、有分析，善于在浩瀚纷杂的史籍中爬梳抉剔，选取那些确凿、生动而又富有教育意义的史实、人物，适当剪裁，一题一事，写得生动精练，亲切感人。既不是板起面孔的唠叨说教，又不是稗官野史中的奇闻逸事，把科学性、知识性、趣味性很好地结合在一起。

邓拓笔下的这类历史杂文，读起来轻松有趣，内容却很严肃、有益。他坚持马克思主义的立场、观点、方法。如《学问不可穿凿》一文，从《汉书》的《河间献王传》中所说的"实事求是"，讲到唯物论、辩证法，要求大家"从积极方面努力学习马克思列宁主义的思想方法论，认真地把自己武装起来"。又如《说志气》《人穷志不穷》，教育青年应该"立志高远"，胸怀共产主义的伟大理想，并且百折不挠，"为它的实现而不怕一切困难，坚持战斗"。他对历史上勤劳、勇敢、正直的人赞美歌颂，对谄媚、奸邪、贪残的人讽刺鞭挞。他提倡政治锻炼和道德修养，教育人们"处理任何事情都要有鲜明的立场、坚定的原则、正确的态度，但是不排斥灵活的方式方法"。

《燕山夜话》和《三家村札记》涉及的范围非常广泛，有的谈思想修养，有的谈为人处世的态度与方法，有的谈读书和写作，有的谈各种知识和问题，天文地理、文史哲经、动物植物、农业工业、医药卫生、体育健身、文物古迹、书画戏曲，丰富广博，包罗万象；犹如一部生活百科全书，把读者带进一个广阔的天地，使人们从中陶冶情操，获取知识，得到享受。

邓拓很重视生产知识。《燕山夜话》中关于中国历史上的农业生产，论述甚多，例如古代种植白菜、番薯、生姜、茄子、枣、栗、豆、竹以及莳花栽树等等，还有养蜂育蚕，饲养牛、狗、猫、鸽。他收集了许多有关的材料，介绍各种事迹和经验。他又写了好几篇关于农田水利的文章，谈论疏导积水、围湖造田以及治理盐碱地。这些文章，结合生产，贯彻古为今用的精神，既通俗易懂，又有实用的参考价值。邓拓很推崇我国古代的农学家，写了一篇《向徐光启学习》的文章，介绍徐的为人和他的巨著《农政全书》，给予了很高的评价。他认为："凡是负责农业生产领导工作的人员，对于这样重要的古代农书，应该予以充分的注意，仔细地阅读和研究它。并且要学习徐光启的研究精神，运用比他更加进步得多的新的科学方法，来总结我们现在的农业生产经验"。

《燕山夜话》和《三家村札记》大多是从历史中引发出议论，针对一些实际问题而发表意见。但也有一些文章专门研究、考证某个历史问题。如关于"扶桑国"和"沙门慧深"的几篇短文，是考证古代中国人是否先到过美洲；如《平龙认》是考证最早记载水中包含着氧气、氢气的这部中国古书，它是堪舆家（风水先生）的书；如《替宝岛游记更正》是考证海南岛的刻石"天涯"二字并非苏东坡所书，纠正传闻之误；还有《北京劳动群众最早的游行》描写1603年（明万历三十一年）由于矿税监的压迫，北京西山的民窑业主和挖煤工人联合到北京城内请愿，"鳖面短衣之人，填街塞路，持揭呼冤"，这是当时矿工罢工斗争的生动实录。

邓拓非常关心首都地区的历史和文物古迹。《北京的古海港》是讲元代郭守敬开浚通惠河，使运河中的漕船可以直达北京城内的积水潭；《保护文物》是谈如何保护藏于房山云居寺的隋唐以来所刻一万数千多块的石经；《米氏三园》是谈明清之际，宛平米氏在北京城内和西郊营建的三处著名园林，即勺园、湛园和漫园。他还记述和表彰了一批籍贯北京的历史名人，如诗人贾岛、学者刘献廷、画家崔子忠、东林党人李三才、文物专家米万钟、学者朱汉雯祖孙、书法家张诗，以及虽非北京籍而长期在北京办报的林白水以及抗日战争中战斗在平北地区、为革命牺牲的共产党人白乙化等人。

邓拓一生的史学著作宏富，贡献突出。他的历史著作，内容充实，史料翔实丰富，文采绚丽，闪耀着马克思主义的理论光辉。他为了革命的需要而进行研究、著述，孜孜不倦。在 30 年代，为了捍卫党的革命纲领而参加中国社会史论战，希望减轻人民的苦难而进行救荒史的研究；在 50 年代和 60 年代，因研究资本主义萌芽问题而进行社会调查，为宣传唯物主义、爱国主义和普及历史知识而写作《燕山夜话》《三家村札记》。他的历史研究和他的新闻事业、诗文创作一样，都密切地结合实际，服务于革命的需要。他在《毛泽东思想开辟了中国历史科学发展的道路》一文中说："历史科学是实践的科学，是革命的科学。因此，历史科学的研究工作必须符合于革命的需要。"邓拓对党忠诚，胸怀坦荡，才华出众，笔走龙蛇，1939 年他写的诗句"文旗随战鼓，浩荡入关东"，这是他研究和著述生涯的真实写照。邓拓过早的谢世，是我国历史学界无可弥补的损失。党的十一届三中全会以后，邓拓多年的沉冤得到平反昭雪，他的作品，包括许多史学著作得以重新出版。读他的著作，可以想见他的高风亮节，想见他的饱学多才。他虽然离开了我们，但他的革命气节，他在学术上的贡献，他的治学精神，都是树在人民心中的一块不朽的丰碑，永远为人们所纪念。

刘大年同志与中国历史研究 *

　　刘大年同志是我国杰出的马克思主义历史学家，也是中国史学会的创始人和领导人。长期以来，他在致力于马克思主义史学研究的同时，组织和领导了历史学界的活动，对新中国历史科学的发展做出了重大贡献。大年同志是抗日战争初期参加革命的，长期协助范老的工作，既是老一辈历史学家中较年轻的一位，又是知名历史学家中比较早接受马列主义的。他经历过革命战争的锻炼和考验，是一位既有深湛理论修养又有实际工作经验的历史学家。

　　我和大年同志虽然没有在一个单位工作过，但认识得比较早，在 50 年代初期就认识，就常常读他的著作；后来又在中国史学会一起工作，在他的领导下做一些事情。对大年同志的道德文章，我是非常景仰的，他在很多方面值得我们学习。这里，我谈几点大年同志给我的深刻印象。

　　第一点是坚持马克思主义。大年同志一生服膺、信仰、宣传马列主义，坚持科学的历史观。对于这一点，读他的文章，听他的讲话，可以清楚地体会到。大年同志并不专搞历史理论，但几十年来，特别是粉碎"四人帮"以后，他写了很多关于历史理论的文章，涉及历史研究的指导思想和对象问题、历史科学的任务问题和意义问题、人民群众与领袖的关系和作用问题，以及历史发展的动力问题，等等。我感觉到，他在这方面下的功夫是很大的，阐发的一些理论相当透彻，并且有明确的针对性，表现了他在理论方面的成熟，也表现了一位历史学家的远见卓识。当然，大年同志还有很多其他文章，像《论康熙》《中国近代史研究中的几个问题》，都讲了许多新

　　* 原载《近代史研究》，1995 年第 5 期。

的意见。《论康熙》这篇文章，一直是我们研究清史的人经常阅读的。这些都是大年同志留给我们历史学界的宝贵财富。

第二点是坚持爱国主义。中国近代爱国主义的一个鲜明特点就是反对帝国主义侵略，大年同志早年就研究美国对中国的侵略，写下了他的成名作《美国侵华史》。在当时刚刚解放的环境中，对于揭露美国的侵略面貌，澄清当时存在的一些糊涂观念，发扬爱国主义，进行爱国主义教育，起了很大的作用。近年来，大年同志集中研究抗日战争问题，写了很多文章，组织、推动了全国抗战史研究。可能由于大年同志本人在青年时代参加过抗日游击战争，所以具有鲜明的、强烈的反侵略思想感情。他曾说，现在的青少年对抗日战争不大了解，历史教训逐渐淡忘了，所以他要用自己的余生研究抗日战争历史，把这段历史告诉子孙后代，唤起大家的爱国主义觉悟。他在这方面做的工作也是大量的。我记得是1987年，抗日战争全面爆发50周年，他率领中国历史学家代表团去日本，讨论抗日战争中的一些问题，努力和日本几派历史学家达成了对抗日战争的正确共识。这样，大年同志通过推动国际学术交流，促进了抗战史研究。大年同志还和其他同志一起，组织抗日战争史学会，出版抗日战争研究刊物。在他的领导和推动下，抗日战争的研究发展很快，确实很可喜，跨上了一个新台阶，可以说已成为我国史学园地中的一个很繁荣的分支。抗战胜利50周年，我们出版了好几套抗战史丛书，也发表了很多有质量的论文，其中就有大年同志的一份功劳。

第三点是大年同志一贯关心历史学的发展。大年同志作为中国史学会的创始人和领导人，作为第二、三届的主席团成员、执行主席，积极关心和推动历史学科的建设和发展。1956年搞社会科学规划时，大年同志就是这方面的负责人。我记得当时开规划会议，搞12年规划，他忙了很长时间。1958年他组织和筹备了戊戌变法60周年的学术讨论会，在当时是很盛大的集会，章士钊、康同璧好像都参加了。1961年他组织和筹备了辛亥革命50周年学术讨论会，这也是一次规模比较大的会，在武汉召开的，吴老、范老、翦老等很多史学界前辈都去了。1964年他又组织和筹备了全国的近代史学术讨论会。这些都是大年同志实际主持的。在"文革"前，这样全国性的学术活动非常少，在大年同志的努力推动之下，开了几次很有质量也很有影响的学术会议。今天很多近代史方面的知名专家都是在这几次学术会议上脱颖而出的。

在频繁的学术活动中，大年同志高瞻远瞩，常常能提出一些新的思路、新的建议，来促进学术活动，来解决学术活动中的一些困难。例如，1979 年南京召开太平天国国际学术讨论会，这是粉碎"四人帮"以后中国社会科学界第一次召开国际会议。当时我们大家都没有经验，这个会能不能开好，怎么开法，都心中无数。大年同志在这方面跟我们谈了几次，后来他又亲自到南京，找负责这次会议的我和李侃，我们汇报情况以后，他对我们当时碰到的一些问题做了很具体的指导。我觉得他的意见都非常中肯，特别是如何在学术交流中对待国际朋友，如何在国际上进行学术交流，他的意见对当时开好那个会，以及以后开好国际学术会议，都有重要指导意义。又比如，1981 年在武汉召开的辛亥革命 70 周年国际讨论会，也是很大、很重要的会议。当时要求参加的人非常多，提供的论文就有 184 篇。怎么办？如果把他们都邀请来，加上外国人，就有二三百人，当然不可能。怎么个邀请法，我们都没有经验。大年同志提出组织一个论文评选委员会，按照论文的质量来邀请。当然评选委员会的决定不一定完全正确，但这至少有了一个邀请的依据。经过评选，入选论文 73 篇，只占总数不到 40％，其中 50 岁以下的作者占 60％，40 岁以下的占 25％，中青年比较多，其中有两位是中学教师，还有一位只有 23 岁，是本科学生。这种评选办法既保证了会议顺利召开，不至于人太多，同时也保证了会议质量，能够选拔一些比较优秀的中青年史学工作者。大年同志的这个意见我觉得非常重要，这个办法以后一直采用，好多会议都用评选的办法。如果用指名邀请的办法，由于没有别的标准，就只能按照年龄、资历、名望，就会使许多中青年历史学家不能参加这类重要学术会议，至少比例没那么高。又如，大年同志多次强调，学术会议的质量不在于人和论文很多，而是在于论文的质量，要紧抓论文写作和评审工作。而且，他很重视对研究情况的述评，要求每次会议，像前面谈到的辛亥革命讨论会那样的会议，都要对研究成果做一番检阅，在已有成果的基础上扎扎实实地前进。这些意见和建议对于促进历史学科的发展都是很重要的。

总之，几十年来，大年同志无论是在研究工作中，还是在组织和领导史学界的活动中，都付出了大量精力，成绩很大，贡献很大。大年同志确实是新中国优秀的马克思主义史学家和新中国史学界第一代领导人。

我的治学生涯

我选择了历史专业 *

1946年夏季，我正在上海交通大学铁路管理系学习，却重新投考了北京大学史学系。被录取后，作为一年级的新生，到北京学习。

我的亲戚、同学、朋友无不投以惊异的眼光。上海交大是名牌大学，铁路管理是热门专业，毕业以后职业有保障。而在旧社会，文科各专业没有多大出路，求职谋生较困难。为什么非要吃亏，去当北大史学系的新生？在人们看来，这好像"下乔木而迁于幽谷"，难以理解。

在人们的生活道路上，往往要遇到可左可右的十字路口，需要做出选择。我选择了历史学专业，在当时看来，这似乎是奇怪的选择。但我热爱自己的专业，对几十年来走过的道路并不后悔，并且还欣幸当时的正确选择。

人在幼年、少年、青年时代走过了一段学习和生活的道路，逐渐形成自己的理想、志趣、性格、爱好、世界观。这些主观的因素是激励和推动每个人前进的力量。人们将根据各自的经历，沿着不同的道路，做出反应，进行选择，持续地努力，发挥各自的才能，去实现美好的理想。世界上许许多多的人和事，时时刻刻在影响人们志趣、性格、世界观的形成。我想，其中书籍对人的影响恐怕是极为深刻、极为重要的。古往今来的贤哲之士不知道已经说过了多少赞美书籍的话，但每个人还会有自己不同的具体感受。

我之所以走上了研究历史的道路，很大程度上和我少年和青年时代阅读的书籍有关，我最早接触而且对我影响至深的是连环画。

大约刚进小学不久，我就开始看起连环画了。我的家乡，有一

---

* 原载《书林》，1982年第5期。

批以出租"小人书"谋生者，每到下午四点钟，就出来串街走巷，为小学生供应课外读物。他们都是些穷困潦倒的人，穿着旧长衫，头戴遮阳帽，背着破旧的藤篮或皮箱，里面塞满各种各样的连环画。他们专和孩子们打交道，我和姊姊兄弟是他们经常的顾客。

　　每到夏天，夕阳西下，鸦噪蝉鸣，在树荫深处的流动书摊旁，总吸引了许多孩子。租金是便宜公道的，一个铜板租好几本书，租书人定时到来，第二天就可以换新书看。我最感兴趣的是历史故事，《东周列国志》《三国演义》《说唐》《西游记》《水浒传》等等，种类很多，内容不断更新。每本历史故事书，我总是津津有味地看了又看，爱不释手。有一位租书人据说是因抽鸦片而穷困失意的小知识分子，百无聊赖，也干起出租"小人书"的行当来。他却是一位善讲故事的能手，在许多小顾客的纠缠和恳求下，他有时给说一段"书"，内容生动隽永，人物神采飞扬。久而久之，我对历史养成了特殊的爱好，凡是画着历史故事的连环画，我都爱不释手。

　　我还清楚地记得：当时新出了一套《薛仁贵征东》的连环画，故事生动，图画精美。我渴望购买一套，家里大人不给买，我使尽了一切办法，又是哭闹，又是哀求，又是软磨，好不容易得到大人的同意了，我兴高采烈的心情实在难以形容。不料，这时我因淘气掐死了家中一盆兰花，这对孩子来说是一个大错误，购书的权利被取消了。我为此而懊丧难过了很长一段时间，偷偷地哭泣，却始终没有能得到这套心爱的"小人书"。

　　今天回想起来，"小人书"里讲的历史，出自道听途说，真真假假，有许多是不可信的。可是，大多数中国人的历史知识，恐怕都来自演义、戏曲和"小人书"，这类儿童读物和通俗戏曲对人们的精神世界起着潜移默化的作用，不知不觉之中，它在对你灌输知识，培养你的兴趣，塑造你的性格，引导你走进生活。

　　如果有人问我：你怎么会爱好历史的？我将回答：最初是受了连环画的影响，它是我最早阅读的历史书，而那位租书人是我的启蒙历史教师。尽管当时"小人书"里的历史知识并不正确，但重要的不是它给了我什么具体的知识，而在于唤起了我一种特殊的兴趣和爱好。如果我没有儿童时代的这段经历，也许这种兴趣和爱好会长期沉眠在我的心底。

我十分感谢那些辛勤地编绘连环画的无名作者们，也感谢奔波劳碌、为小读者送去精神食粮和讲说历史故事的租书人，是他们把我带到了一个丰富浩瀚、令人心醉神往的神奇世界的边缘。自然，一个孩子还谈不上有多少历史知识，但我也算得上是个小小的历史爱好者了。

到了中学时代，我的"历史癖"与年俱增，语文和历史是我最喜爱的课程。学校里的课本不能满足我的要求，就去寻找课外读物，当然不再看连环画，而是去寻找各种古籍。我的故乡江苏常熟是文化发达之区，历史上出过不少诗人、画家、文士，也有很多有名的藏书楼。我读中学已是抗日战争时期，由于战争的破坏，经济萧条，昔日人文荟萃之地，至此已风流云散。可街市上还保存了几家小小的古籍书店，摆着各种线装书，成了我经常光顾的地方。

一个中学生，自然不会有多大财力去买书，幸好旧书店的老板们还算大方，允许人们在那里随便看书。这等于是个开架阅览室，书籍并不多，也没有什么宋元精椠，但对于我一个中学生来说，已是极丰富的宝库了。旧书店里是没有座位的，只能捧着书，站立着阅读，时间一长，两腿酸疼，头晕眼花。尽管这样，这里仍是我课后的乐园。我并没有阅读古籍的起码常识，更不懂专门的目录学、版本学，只是乱翻乱看，贪婪地读着，经史子集，诗文词曲，一知半解，生吞活剥，什么都感到新鲜有趣。一进旧书店，就感到琳琅满目，如入山阴道上，应接不暇。有时，我也得到一点零用钱，几乎悉数在这里花费掉，买几册经过慎重挑选的廉价书。

到了高中毕业时，我自己居然也拥有一个小小的书库，自然，这个小书库十分贫乏寒酸，但它是我的唯一财产，是多年来苦心搜集和积攒起来的，我十分珍爱它，为它感到自豪。记得我很长时间想购买一部《昭明文选》，但那样的"大部头书"已超过了我的购买力。有一次，旧书店来了一部印刷精美的大字本《昭明文选》，却残缺多卷，因此价钱很便宜，我简直喜出望外，凑够了钱，购买回去，这算是我小书库里的"珍本"书了。我决心抄写补齐它，借了完整的本子，又是抄写，又是装订，将近忙了一个月，才补足了这部"珍本《文选》"。我的书籍中很多就像这样来之不易，今天，这些书籍已大多散失，我只保存着有限的几种了，但每一种书几乎都能唤起我一段有趣而美好的回忆。

中学时代，数理化课程很繁重，压得人喘不过气来。我在应付了这些课程之后，总还要匀出时间去浏览历史和文学书籍。有时跑到旧书店，有时钻进图书馆，有时就在家里小楼上，在买来的书上，用红蓝色笔，浓圈密点。我那时不懂得写卡片、做笔记的方法，唯一的读书法是标点断句，这种方法很简单省事，靠这种方法当然不能深入理解书籍的内容。但为了把古书标点开，也要动动脑子，仔细去寻绎它的意义。每当夜深人静，万籁俱寂，独坐小楼之上，青灯黄卷，咿唔讽诵，手握彤管，朱蓝粲然，竟也自得其乐，我就是这样不求甚解地读了不少古籍。这些书籍确是我的良师益友，它向我娓娓诉说着我国悠久古老的文明发展的历史，讲述着我们祖先生活着和斗争着的那个时代的生动故事。我在祖国历史文化遗产的辉煌宫殿中摸索着，可我并不是有意识地在寻求知识，而仅仅是课余的爱好，为了获得精神上的满足和享受。

尽管我非常喜爱历史和文学，可当我高中毕业以后，并没有去报考文科。那时是抗日战争的 1944 年，当时，重理轻文的风气就很严重。人们的偏见、社会的舆论以及求职谋生的考虑，把青年学生大批地推向理工科。学文史被认为是没有出息的。再说，在日本占领下的上海，很多大学迁往内地去了，上海并没有好的文科大学。在这种情况下，我考入了上海交通大学。

青少年时代逐渐形成的爱好、志趣、理想，推动着人们去选择和开辟自己的生活道路。我在交大学习，那些课程总和我格格不入，我还是想念着历史和文学，真是"身在曹营心在汉"，感到苦闷、困惑、彷徨无计，展开了激烈的思想斗争。

正是碰巧，抗战胜利后，1946 年夏，北京大学第一次在上海招生，考场设在交大，就在我的宿舍楼下。如果不是这次送到鼻子底下的机会，我大概也不会再去改换自己所学习的专业了。一种强烈的冲动诱使我去试一试，果然被录取了，经过反复考虑，我决定放弃上海交大的学籍，到北京大学上学，重新开始大学生活。

这是我生活中的一次重要转折，似乎一次偶然的机会完全改变了我以后的学习和生活。其实，我选择历史专业是并不奇怪的。人们在幼年和青少年时代的环境和经历就在为他的整个生活道路做准备，我早年遇到的人和事、读过的书籍在我幼小的心灵上打下了深深的印记，这对我未来的专业选择和生活道路起着极重大的作用，我走上历史研究工作的岗位是有其必然性的。即使我失去了投考北大史学系的机会，仍在交大学习，我的职业和生活道路将会完全不同，但我仍然会是一个历史科学的热烈的业余爱好者。

我走上了历史教学与研究的道路[*]

  我在历史学的路途上跋涉几十年，不能说一帆风顺，也还称得上比较畅通，没有遇到太多的坎坷和阻难。也许因为磨难不多，故成就不显，碌碌平庸，在学术上鲜有业绩。我一生过着读书人的普通生活，虽攻研有恒，执笔尚勤，著作十余部，文章六百余篇，但满意者少，总有一种"学力不厚""贡献不多"的负疚之感。

  人生总会有多次机遇，我青少年时代有幸抓住了三次机遇，走上了历史教学、历史研究的道路。

一、第一次机遇：顽劣学童的转变

  第一次机遇是小学毕业以后。小学时，我不吵不闹，不好说话，不愿交往，不爱读正课，从不好好阅读课本，却爱好各种游艺，读各种小说、连环画。因此成绩劣等，功课好几门不及格，小学几乎未能毕业，幸而学校网开一面，给我们班两个最差的学生"奉送"毕业。毕业典礼那天，我知道自己不能毕业，在家中躺在一张藤床上，发闷犯愁，手里拿着一本弹词小说《天雨花》，也看不进去。忽然，另一位与我同班不能毕业的劣等生，飞步进入我家，高兴地大喊："戴秉衡，快走！快走！到学校去，今天典礼会上宣布要发给我们毕业证书，我们也能毕业了。"我听了自然喜出望外，赶紧去学校，果然拿到了毕业证书。

---

  * 原载《当代名家学术思想文库·戴逸卷》，沈阳，万卷出版公司，2011。末署 2007 年 6 月 18 日。

毕业是毕业了，但下一步考初中又是个难关，报考县立中学，发榜的那天，我父亲去看榜，回家来脸色阴沉，不言不语，我情知不妙，连羞带怕，躲到亲戚家去了。

中学没考上，很可能就此断绝了接受教育的机会，去当商店学徒，我的几位堂兄就是这样走上人生道路的。偏偏这年七七事变爆发，全国开始了抗战，我们全家逃难到了上海。我的两个姐姐进了苏州女子师范学校读书，邻居的孩子们也在小学和中学读书，每天晚上都在我家复习功课，演算习题，灯火通明。虽宁谧静寂，但孩子们用心灵和语言交流，亲密友好。他们都有书可读，唯独我静坐在壁角里无事可做，打不进这个读书圈，如此情景，长达半年之久。这时我心底逐渐升腾起渴望上学的强烈愿望。每天早上坐在窗台上目送两个姐姐上学，晚上盼着两个姐姐回家。有时偷偷翻开姐姐的书包，似懂非懂地偷阅她们的书本。人类本能中蕴藏的求知之火燃烧了起来。

机遇来了，第二年夏天我考上了苏州中学（因抗战迁至上海租界，校址在四马路外滩）。因成绩很差，只是个备取生，候补正取名额。我也有了上学的机会，兴冲冲每天远道赴校上学。

现在回想，我并不是一个顽劣透顶、愚笨不堪的孩子。小学时虽不爱读书，却很喜欢读小说，说故事，听京戏，听评书，简直入了迷。在小学中，《水浒传》《三国演义》《西游记》《说岳全传》，还有剑侠书、"小人书"，无不遍读。至今还能报出《水浒传》一百单八将的绰号与姓名。有一次听评书出了神，晚饭没有吃，竟在书坊里听到晚间 10 点钟，急得家里到处找我。住在上海时，有一次到新世界听上了京戏（演员是夏月珊和王竞妍，后来才知道是名角），从下午站着看戏一直站到夜间，粒米未进。人看似顽劣愚蠢，却往往有内心的爱好与潜在的才能，蕴藏在心底，得到正常的教育，人的潜能才能得以发挥，才可能脱颖而出。

进了苏州中学，好运气接连光临。我是备取生，不能和正取生坐在一起，只能坐在最后。正取生是按高矮排列的，有两位最年长的正取生长得最高，学习成绩最佳，且品行端正，坐在最后排，和我这个矮小年幼且成绩不佳的备取生坐在一起。日子久了,我们三个人成了最亲密的学侣,一起读书,一起游玩,一起走路回家。他们的学习、谈吐、品行时刻影响着我,像春风细雨一样不知不觉地沐浴着、熏陶着我。我的学业成绩突飞猛进,虽还不能夺取第一、第二,但已名列前茅,特别是语文课,学期末常能夺得冠军。从此我初中和高中的成绩稳步上升,摘掉了劣等生的帽子而成为班上的优等生。

二、第二次机遇:爱好诗文辞赋

我中学期间的语文课本都是文言,从未学过语体文,初中时代的语文老师姓邵,松江人,是一位精通古文、认真教学的好老师,我在课外阅读的大多是《曾文正公日记》《浮生六记》,以及林琴南翻译的外国小说,略略有了一点古文的爱好。

进入高中时正赶上日本偷袭珍珠港,美日开战,上海租界被日军占领,我回到故乡的常熟中学(后改名省立第七中学),期中插班,就读高中一年级。这年开设了一门中国文学史课程,我入学时已学到汉赋。这门课程令我赏心悦目,心怀大开,课本是由欧阳溥存编写、商务印书馆出版的。老师是杨毅庵先生。

杨家是常熟恬庄的望族,旗人杨崇伊是戊戌变法时奏劾康有为的顽固旧派,杨崇伊的儿子杨云史是著名的才子、诗人,其发妻是李鸿章的长孙女李道清(李经方之长女),杨云史曾任吴佩孚的秘书长,抗日军兴,不受日伪胁迫,避居香港终老,著有《江山万里楼诗词钞》(这部书 2004 年出版。我久闻其名,购置一套,品读其诗,雄浑峻拔,气象万千,确是一代作手)。杨毅庵先生是无锡国学专修馆的高才生,又有家学渊源,深受陶冶,对中国古代诗文极有造诣,他讲授的中国文学史课程非常精彩,指点文章,论说千古,把我这个 16 岁的孩子听得如痴如醉,十分入迷。

杨先生对我的用心学习似乎也很欣赏,要我在《中国人名大辞典》和其他书籍中查找古代文士诗人的小传，汇集成册，用钢板刻印后，发给同学们参考。不久我成了杨先生的义务"助教"，帮他查找资料，抄写作品。他也悉心教授我古文作业。每到寒暑假，我几乎每天上午都到他家中补习课程，他为我和其他学生讲授《左传》、《诗经》、《荀子》、《庄子》和《昭明文选》。他的讲授，清晰细微，一篇文章之新，用笔之妙，炼句之工，用字之切，讲得头头是道。他讲授时全神贯注，口若悬河，还能运用古人吟诗诵文的方法，朗朗上口，尤其是读辞赋和读骈体文，平仄对仗，神妙之至。我们最喜欢听杨先生吟诗诵文，抑扬顿挫，响遏行云，真正是美的享受。

在杨毅庵先生将近三年的指导下，我高中时代就接触到经史子集各部类的书籍。空闲时分，我经常逛旧书摊，用很少一点零钱购买旧书。日久也积存了一批线装书，夜深人静，独坐小楼，披卷阅览，随笔圈点，自得其乐。这样我的古文修养有了较大提高。

"人生难得一恩师"，杨毅庵先生是我故乡小城的普通文士，清贫一生，终身以教书为业。我从他那里学习所得最为丰厚。至今我每逢教师节总要想起杨先生对我的殷殷教诲，他帮助我奠筑了历史研究的知识基础，是我在学术领域的第一个领路人。我总想写一篇纪念杨毅庵先生的文章，惭愧的是我只知道他的姓名，略知他的家世，关于他的事迹，当年竟不闻不问，一无所知，连他的岁数也不知道。前几年几次向往日同学们打听杨先生的事迹，也无人知晓，纪念他的文章一直未能动笔，令我深以为憾。

三、第三次机遇：跨入北京大学史学系的门槛

在高中时代，我擅长的课程是语文和历史，但 1944 年高中毕业后，却考进了上海交通大学铁路管理系。这是因为抗日战争期间上海学校都迁往内地，没在一所像样的文科学校，我又不甘心在二三流的大学就读，而且读文科在当时毫无出路，毕业后就是失业，因此一下狠心，报考了当时在上海最为驰名的交大。

幸而考上了交通大学，就读一年后，抗日战争胜利，沦陷区的人民欢呼雀跃，迎接胜利。我正在交大上二年级，但我一心向往文科，对所学的铁路管理毫无兴趣，所学非所爱，心中感到苦闷，也就是硬着头皮学下去，毕业后能够在铁路部门混个饭碗，度过一生罢了。

1946年夏，暑假，我住在上海交大徐家汇的校舍里，没有返回常熟老家。突然有一天宿舍楼下来了一帮人，张贴告示，挂上布幅，布置教室，原来是北京大学从昆明迁回北京，准备在上海招生，考场刚好设在我所住宿舍的楼下。这真是送上门来的好机会，我没有多考虑，就报名投考北京大学史学系一年级。本意不过是试一试，不见得被录取。考试发榜，居然考上了史学系的正取生。这反倒使我为难起来。

我在交通大学读二年级，下学期即将升三年级，两年后就可毕业，我现在要上北京大学的一年级，从头开始要读四年，岂不是太亏了？我的同学、朋友、亲戚多数劝我不要去北大，我确实很犹豫。但是对文史专业的想慕，对北京大学的仰望，又使我情不自禁地想远走北京。特别是有件事坚定了我前往北京的决心。当时上海交通大学是汪精卫伪政府下的学校，留在上海读书的学生竟被称为"伪学生"，只有从重庆沙坪坝迁回的交通大学学生才是正牌学生，能拿到国家公费，上学、住宿、吃饭都不必花钱，而"伪学生"须甄别考试，考试合格才能成为正牌学生。这一歧视性的规定对沦陷区的学生是很大的刺激，蒋介石来上海时，"伪学生"曾成群包围蒋的行辕进行抗议。现在我考上北大史学系一年级正取生，虽然亏了两年，却无须甄别，入学即能得到公费，四年在学期间，学习和生活都有经济保证。有了这层原因，我毅然决然放弃交大学籍，投奔北京大学，跃进心仪已久的北京大学史学系的门槛，选择了终生从事历史教学和历史研究的道路。

我热爱历史专业，对这一选择无怨无悔。我一直认为，这是命运对我的眷顾与关爱。

　　人生道路十分曲折漫长，有顺境也有逆境，会遭遇各种各样的事件，有各种各样的机遇和选择。有时，一个偶然的机会便改变了人生的路程，如我少年时因避日军而逃到上海，失学一年，却激发了我的读书渴求；中学时遇到了杨毅庵老师而能多读古典文史书籍，稍窥学习门墙；大学时一个偶然投考北大的机会，使我从此进入了历史研究领域。人生无常！似乎许多偶然性在左右着一切，但仔细琢磨又觉得并不尽然。我小学时习性虽顽劣，但有爱读课外书的潜能，因此辍学一年，反而激活了自己的求知欲，又遇到优秀同学的帮助，故中学时代学习成绩常列前茅。正因如此，遇到杨先生的指引，初中特别爱好语文课的我，如鱼得水，学业日进。因为自己当年对文史甚为嗜爱，所以北大招考，我能够毅然舍弃交大的两年学业，改考北大，就此走上了历史教学和历史研究的道路。

　　人一生中会碰到许多次机遇，但机遇要在人的生活中发生作用，还必须有人自身的回应。要能应答机遇，抓住机遇，及时做出正确的选择，否则，机遇将和你擦身而过，不发生任何作用，甚至人也并未意识到某种机遇曾经光顾自己，只是叹惜和埋怨命运不济，没有给自己发展的机会。

　　老天并不吝惜给每人以发展的机遇，重要的是时刻准备着，努力充实自己，当机遇光临，你能够迅速认识它、抓住它，选择自己最为适合的道路勇敢地走下去！

我的学术生涯 *

我的治学，沿着"逆向回溯"的路径进行，即由近而远，由今至古。最初我从事党史和革命史研究，稍后研究中国近代史，最后研究清史，一步步往前推移回溯。这固然是由于我的性格中有点"嗜古癖"，愿意研究离现实较远的历史，而更主要的是由于工作上的需要。革命队伍中教什么课，研究什么专业，不由自己选择，而是由组织上分配确定的。所幸组织上分配的工作和我个人志趣大致相符。因此，我一直是愉快、积极地进行专业研究的。

我的学术生涯要从1948年离开北京大学史学系开始说起。那时由于国民党政府对我下通缉令，在北大存身不得而奔往解放区。当时我非常迷恋文史专业，热爱北大那种浓郁的学术气氛，敬佩那些学识渊博、和蔼可亲的师长们。虽然如此，但我只读了两年书，两年中还有许多时间在从事学生运动，对历史专业连一知半解也谈不上，至多只是个未入门墙的青年爱好者。

1948年进入解放区华北大学（在河北正定），经过几个月的政治学习，在分配工作时，我填写的志愿是"历史研究"，居然幸运地分配到华北大学一部政治研究室革命史组，在著名党史专家胡华同志的领导之下工作，从此正式走上历史专业研究的道路。华大进入北京以后，改为中国人民大学，我一直在这里工作至今。

初学革命史，我被革命斗争宏伟壮丽的场景所吸引，全身心地投入。从胡华同志那里，我学习到许多革命史知识，阅读了他所收集珍藏的革命史文献、书籍，也帮着他从事教学，收集资料。那时，胡华同志正在撰写他的名著《中国新民主主义革命史（初稿）》，他

* 原载《当代学者自选文库·戴逸卷》，合肥，安徽教育出版社，1999。

时常和我谈论写作中的问题。

　　那时全国刚刚解放，掀起了学习马克思主义理论的高潮。我也废寝忘食地攻读马列的经典著作，三四年内读了不少马列的书，所用时间几乎要超过从事革命史专业的时间。我相信，马克思主义是指导历史研究的科学理论。研究历史的目的是要揭示历史发展的规律，要通过历史的表面现象探索其深层本质，要指明历史的相互联系、相互作用等等，而要做到这些，就必须运用马克思主义这把锐利的解剖刀去分析历史。此后，我经常保持阅读马列经典著作的习惯，目的在于研究历史，寻找历史发展的规律。

　　年轻人永远是精力旺盛、不知疲倦的。我在稍稍学习了中国革命史以后，就试图挤时间写作。当时受到东北出版的一本通俗小册子的影响，想写一本有关抗日战争史的普及读物。断断续续写了两年之久，居然写成了《中国抗战史演义》一书，于1951年在新潮书店出版，笔名王金穆，当时我25岁，这是我的第一本著作。此时全国刚刚解放，不少人对刚刚过去只有几年的抗日战争的历史不甚了解，特别是对中国共产党和八路军、新四军在抗日战争中的中流砥柱作用全无所知，这是促使我写作此书的原因。将近半个世纪之后再来审视这部作品，当然缺点错误不少，但它毕竟是我学术道路上的起跑点，是我一边学习历史，一边锻炼写作的产物。在新中国成立初期，人们普遍缺乏革命史知识，这本普及读物还是有一点社会效益的。此书一版再版，销行颇广，还在一些广播电台中播放。当年，不知疲倦地阅读史料、用心构思、伏案写作、推敲文字的情景，至今历历在目。

　　1952年，随着中国人民大学的发展，中国革命史教研室一分为二，原有历史组单独成立中国历史教研室，由于缺少中国近代史的教师，我被调到中国近代史组，填补缺额。说实在话，当时我对中国近代史的知识极为缺乏，只读过范文澜的《中国近代史》和胡绳的《帝国主义与中国政治》等书，远没有我在马列主义理论、党史和中国古代史方面读的书多，但是为了工作需要，我转入了中国近代史专业，一切几乎都要从头学起。

中国人民大学的近代史教学任务，本来是由尹达同志担任的。他知识渊博，理论分析能力强，讲授生动、风趣。不久他调离中国人民大学，实在没有人能够接替他，这一任务竟落在了难以胜任的我的肩上。那时的中国史学界重视古代史，专家名流群集于上古先秦史。秦汉以后的历史，研究者已少。鸦片战争以后的近代史研究者更少，几乎不被承认是一门学问。用马克思主义观点撰写的中国近代史书籍，寥寥无几，资料也十分缺乏。1954年才出版了杨松、邓力群原编，荣孟源重编的《中国近代史资料选辑》，但篇幅不大，不能满足教学和研究的需要，在备课和研究中必须阅读线装本，查阅原始资料，要花费很多时间和精力。1952年，中国史学会主编的"中国近代史资料丛刊"开始出版，第一种是《太平天国》，以后陆续出版十余种，最后一种《北洋军阀》到"文革"以后才出版，全部字数两千数百万，为近代史初究者提供了有用的资料。这套丛刊收罗了重要的近代史资料，大量发行，风行全国，影响及于海内外，不仅新中国成立初期像我这批近代史工作者身受其惠，连一位美国教授也说，这套丛刊在美国帮助培养了几十位研究中国近代史的博士。

1955年和1956年，我给中国历史研究班的中国经济史研究班上中国近代史课，学员前后有七八十人，有调干生，有大学毕业生，也有全国高校历史系的教师，许多学员年龄比我大，具有丰富的历史知识，其中有些人已是副教授，而我还只是讲师。当时，上中国古代史课的是尚钺同志，我上中国近代史课。应该说，我承担这个课程是力不胜任的。但艰难的任务鞭策着我格外努力拼搏，认真备课，夜以继日地阅读史料，思考问题，在近代史领域中摸索前进。

从1954年开始的中国近代史分期问题的讨论，可以看作新中国成立以来正规地展开近代史研究的发轫。胡绳同志在《历史研究》创刊号上发表《中国近代史的分期问题》一文，提出以阶级斗争来划分近代历史的各个时期。以后相继有孙守任、金冲及、范文澜、李新、荣孟源等发表文章，我也撰文参加了讨论。这场讨论持续三年之久，对中国近代史的发展和特点做了整体性、宏观性的思考和争辩。当时，用马列主义去研究中国近代史，在全国范围内刚刚起步，这场讨论有力地推动了近代史研究的深入。

这几年紧张地上课、写讲义，我的全部心力都扑在教学上，没有写过论文。几年的教学实践使我对近代史的全过程摸了几遍，形成了较系统的看法，形成了一些新观点，我产生了编写一本中国近代史的想法。1956年，应人民出版社之约，我准备把几年来讲授的内容和思考的观点写成一本著作。但是，课堂讲授和学术著作并不是一回事，其间相距还较遥远。课堂讲授中一些含糊的、未确定的概念要求明晰，要求论证；课堂上可以简略的历史过程和细节要求增添，要求充实；课堂上未运用的大量史料要求补充，要求查明，要求考订；课堂上不甚规范的语言要求明确地规范化。这都需要长时间的读书、研究和思索。从1956年起，我在担任繁重的教学任务的同时，开始写作《中国近代史稿》，两年时间写了近40万字，写到太平天国运动失败为止，尚只及全书的四分之一，比原先计划的内容大大扩充了，写作的时间也延长了。

《中国近代史稿》第一卷，1958年由人民出版社出版，这是我的第一部代表作。此书内容叙述两次鸦片战争和太平天国运动。太平天国运动这一在世界历史上规模最大、时间最久的农民战争尤其被我所注意。我希望用马克思主义来分析这次农民战争，弄清它的发生、发展、困难、矛盾，它所面临的问题和最后的失败。写作过程中，时时会想到我党领导的农民革命，感到两场农民革命之间存在着明显的联系和类似，但其内容、特征、外貌、结局又如此之迥异。我深深认识到历史发展的连续性、相似性、多样性、具体性。前后相续的历史不会重复，也不可比附。但太平天国运动与共产党领导的新民主主义革命相距不过几十年，却留下了许多非常相似的经验教训，我以前学习的革命史知识对我理解太平天国运动很有帮助。这就是，对现实知道得更多，对历史会理解得更深。

后来我的行政工作、社会工作加重了，也分散了我的精力。我担任了中国历史教研室的行政工作，又参加了吴晗同志主编的"中国历史小丛书"编委会的工作。北京市历史学会成立后，又任常务理事兼中国近代史专业组的组长。就在这样杂乱而繁忙的环境中，我进行《中国近代史稿》第二卷的写作。这卷写的是洋务运动，历史时间跨度大，史料多而分散，问题复杂。阅读、摘抄、思考、写作，遇到一些难下判断的问题，往往徘徊踌躇，终日不能下笔，直到 1964 年才基本完成第二卷，共 40 多万字。当时，"左"倾之风越刮越厉害，上海有的同志因写洋务运动文章而受批判，我担心第二卷如果出版，将会引起政治风波，因此把稿子搁在一边，只印了个油印本，没有公开出版。接着又写了第三卷，写到戊戌变法，这时"文化大革命"爆发了。

说到"文化大革命"，就不能不提到我主要执笔的《论"清官"》那篇文章，因为这篇文章是我在"文革"中遭受批判的始因。《论"清官"》发表于 1964 年《人民日报》，笔名星宇，是集体写作，主要由我执笔。此文力图用马列主义解释历史上的清官和清官现象。主要观点是：清官是地主阶级中维护法定权利的代表，他反对豪强权贵追求法外权利，无限制地进行剥削。清官在一定程度上同情人民群众，减轻了他们的苦难，缓和了阶级矛盾，但本质上还是为了维护封建统治，这本来也是尽人皆知的老生常谈。但两年多以后，姚文元发表《评新编历史剧〈海瑞罢官〉》，成了"文化大革命"的导火线，海瑞是清官，我在《论"清官"》一文中涉嫌为清官辩护，于是，一场灾难降临到我的头上。

1966 年姚文元的文章发表以后，中宣部组织了龚育之、邢贲思、林甘泉和我四人写作组，撰写了《〈海瑞罢官〉代表一种什么社会思潮？》的文章，笔名方求。文中关于清官问题的论述采用了星宇的观点，方求的文章后来被"四人帮"认为是陆定一、周扬为了抢夺"文化大革命"的旗帜而写的，是对吴晗假批判、真包庇，星宇的《论"清官"》则是调和主义、折中主义的大毒草。1967 年 4 月，上海写作组以康立为笔名撰文，点名批判星宇，发表在《人民日报》上，全国报刊广泛转载。全国范围内批判清官的文章铺天盖地，其势汹汹。它们的论点是：清官更坏、更反动，因为贪官进行残酷剥削，能引起人们的反抗；而清官同情人民，对人民反而有欺骗作用。

这种牵强的逻辑实难令人信服。

"文化大革命"一开始，我就被打成"黑帮"，监督劳动，关进牛棚。以后学校形势大乱，两派武斗，纷争不休，我属于靠边站的"黑线"人物。1969年幸而恢复了党的组织生活，但中国人民大学被"四人帮"解散，教职员工被勒令到江西余江"五七"干校劳动，我在那里被分配养猪，过了几年猪倌生活。"文革"开始时，我四十多岁，正是思想成熟、精力充沛，可以更多地开展科学研究的黄金时代，"文化大革命"中却有八九年与书本绝缘，中止了研究工作。直到1973年，中国人民大学教职员工全部回北京，原中国历史教研室的教师被成批地分到北京师范大学，在北师大内新建了一个清史研究小组，我也被留在这个小组内。

为什么在北师大内新建这个小组，其原因还要从头说起。新中国成立初期，董必武同志曾向中共中央建议编纂两部大型的历史书，一部是中共党史，一部是清史。这一建议受到毛泽东主席、周恩来总理的重视。50年代末，周总理和吴晗同志谈过编纂清史的工作，吴晗同志考虑了初步设想，他找我谈论过并征询我的意见。以后由于国家经济困难，被推迟实行。1964年，毛泽东主席和范文澜同志个别谈话时说，他对研究清史有兴趣，如果有空闲时间，想读一点清史的书。1965年，周总理要求中宣部筹划清史的编纂工作。10月间，中宣部召开部长会议，决定在中国人民大学成立清史研究所，以原中国历史教研室为基础，由郭影秋、关山复、尹达、刘大年、刘导生、佟冬、戴逸为清史编纂委员会委员。11月间，孙泱副校长向我传达了中宣部的决定，要我考虑和制订建立清史研究所的方案。不久，"文化大革命"到来，建立清史研究所的事又被搁置。郭影秋副校长是研究明清史的专家，对编纂清史的工作十分热心，故中国人民大学教师从江西干校回北京后，原中国历史教研室的教师，没有分散，保留原建制，合并入北师大。成立清史研究小组，使人力不致分散流失，待条件成熟时，即可建立清史研究所，开展清史编纂工作，实现"文革"以前中央领导编纂大型清史的愿望，这是郭影秋同志为保存研究力量的一片苦心。

返回北京之后，批儒评法、批林批孔，仍成天在运动中过日子，但总算有了一点研究历史的时间。当时正值珍宝岛事件之后，中苏两国举行边界谈判，外交部希望历史学界开展边界问题的研究，作谈判时的参考。我选择了《中俄尼布楚条约》这一研究课题。投入约四年时间，对条约签订的背景、谈判情况、条约文本和争议问题做了详细研究，写成《一六八九年的中俄尼布楚条约》一书，由人民出版社于1977年出版，这是我的第二部代表作。

《一六八九年的中俄尼布楚条约》写作于中苏边境冲突之后，明显具有政治性。写作之时，我也怀着强烈的民族感情，但我努力保持冷静的客观立场，力求从学术上研究中俄东段边界的沿革。当时，苏联方面公布了大量档案资料，包括谈判使臣戈洛文详细的日记；我国翻译了充当中俄谈判译员的两位外国传教士张诚和徐日昇的日记，又从故宫查找到满文中有关尼布楚谈判的奏折。因此，我得以详细地展示关于中俄使节谈判的具体情节。在古代史方面，由于史料不足，许多重要事件的真实细节鲜为人知，像尼布楚谈判那样生动而具体的情节，在史书中是不多见的。

1976年粉碎"四人帮"，1978年中国人民大学复校，清史研究所正式成立。鉴于社会上尚无一部系统、完整而篇幅适中的清史著作，我向郭影秋副校长建议，先编写一部简明扼要的清史著作，以便清理清朝近三个世纪的发展线索，探讨其中的重要问题，这样就开始了《简明清史》的写作。我担任该书的主编，投入的力量很大，阅读了大量历史资料，研究、琢磨了很多问题，该书初稿是集体写作的。我在审稿时逐章、逐节、逐句、逐字，几乎重新写定。七十多万字的篇幅，花费了大约七年时间，这是我的第三部代表作。

清史是我毕生研究的专业范围。我前半生研究中国近代史，属于晚清时期；后半生研究鸦片战争以前清史，属于清前期和中期。这上下三百年，包含着多少人物和史事，兴衰隆替，悲欢离合，胜败斗争，升沉起伏。中国从传统的农业社会走向近现代，从独立的封建国家变为半殖民地半封建国家，有众多的经验教训可供汲取，有无穷的哲理遐想可以反思。我成天和这段历史打交道，研究它、熟悉它、热爱它，把全部身心都奉献给它。有时感到，我和这段历史如此贴近，我们今天的社会问题，大千世界中林林总总的复杂情态，追根溯源，几乎都可以在清史中看到它的根苗。要了解今天的中国，认识国情，清史是必需的、不可缺少的知识。有时，我又感到和这段历史相距如此遥远，它纷纭复杂、深奥多变，使人难以揣摩，给人留下了众多的重大疑团。中国社会的发展在近代何以落在西方国家后面？中国近代化的道路何以如此坎坷曲折？中国在近几个世纪内达到了怎样的历史伟绩，又丧失了哪些历史机遇？中国有没有走一条更加便捷、畅通道路的可能？历史学家寻遍资料，搜索枯肠，但尚没有得出一致、令人满意的结论。岁月流逝，历史学家将探索下去，探索这一斯芬克斯之谜。

由于"文化大革命"造成的工作中断，又由于《一六八九年的中俄尼布楚条约》和《简明清史》耗时十多年的写作，回过头来再考虑拖延很久的《中国近代史稿》，已无法继续执笔。《中国近代史稿》的第二卷和第三卷虽然已写出50多万字成稿，但那是二三十年前的旧作。在当年写作环境中，自己的思想很拘执，许多观点应重新考虑。"文革"以后拨乱反正，历史科学的恢复与发展非常迅速，关于洋务运动史的论文、著作、资料出版很多，势必要在大量阅读、研究之后，对旧作进行大量增补和重大修订，其工作量十分巨大。而我的行政职务（担任清史研究所所长，兼历史系主任）、社会工作（中国史学会会长、第七届全国人民代表大会代表以及其他社会兼职）压得我喘不过气来，自忖已无余力完成我早年立下的写一部大型中国近代史的愿望。而且，"文革"以后，近代史研究方面名家云集，著述如林。我回到近代史研究中去，未必能有多少贡献。反观清代前期与中期史研究，尚在奠基、开辟的阶段，犹如一片尚未开垦的处女地，急需投入大量人力，因此，我继续留在鸦片战争前的清史领域中爬梳钻研，没有回头重操近代史旧业。我到晚年虽然仍很关注近代史研究的状况和问题，时常读一点论文和资料，但主要精力放到康雍乾的历史研究上。

原来，曾有组织全国力量编写一套大型清史的规划，也曾为此而努力忙碌了一阵子。我初步设想，大型清史可以包括以下几部分：
(1) 清代通史；(2) 清代人物传；(3) 清史编年；(4) 清代专史；
(5) 清史图表；(6) 清史书目。其中有些部分已做了些工作，产生
了一些成果。但显然这样一个庞大规划的实施，需要大批人力、大
量经费，需要强有力的领导和严密的组织，需要水平较高、团结一
致而能协调共事的研究写作队伍，由于种种原因，这一规划尚未能
实行。将来，国家的财政较为充裕，研究人员水平更加提高，研究
成果积累更多，编纂一部大型清史的任务必将提上日程，老一辈革
命家的愿望在不久的将来定会实现。

我六十岁之后，从事两方面研究：清代边疆开发和乾隆帝。我
国边疆的统一和发展是清朝完成的伟大业绩，因此，我们今天才拥
有辽阔的版图、世界第一位的人口和比较巩固的统一国家。我和一
些同志曾对清代的边疆和民族关系进行研究，这一课题被列入国家
的六五规划。以后，我又对乾隆这位杰出的历史人物产生了兴趣，
写了《乾隆帝及其时代》一书，1992 年由中国人民大学出版社出版，
这是我的第四部代表作。

人物和时代具有密切的关系。时代创造人物，给人物提供活动
的舞台。而人物的思想活动并不是随心所欲的，人的思想具有时代
性，他在时代的氛围中成长，反映时代的特色，执行时代的要求，
解决时代所赋予的使命。当然杰出人物也参与、领导和塑造了时代，
给时代打上他个人的印记。我研究乾隆帝，又对 18 世纪这个时代感
兴趣，由此而产生了新的研究课题，这就是我 90 年代后期和一些同
志从事研究的"十八世纪的中国和世界"。这个课题的范围很广泛，
包括 18 世纪历史中一切重要的方面，并且要把中国放在世界历史中
进行对比考察，甚至要跨越时间之限界，对 18 世纪以后二百年来的
历史走向做一些观察和研究。

除了以上的著作，我还写了近四百篇文章，许多文章都编进了
《履霜集》(1987 年由中国人民大学出版社出版)、《步入近代的历程》
(1992 年由辽宁大学出版社出版)、《繁露集》(1997 年由中国社会科
学出版社出版)三本论文集中。此外还和杨东梁、华立合著了《甲

午战争与东亚政治》（1994年由中国社会科学出版社出版）一书。

历史学家所做的无非是三件工作，第一是叙述历史，第二是考证历史，第三是解释历史。历史上发生了什么事情，历史人物思考什么、怎样行动、建立了怎样的典章制度，人们怎样生存、怎样奋斗，等等。历史学家应该把历史上发生的大事情，清楚地、如实地告诉大家，这就是叙述历史。一部二十六史娓娓地诉述着古往今来的人事沧桑。好的历史学家应该忠实于历史真相，勿作粉饰隐讳。

为了弄清楚事实真相，历史学家必须占有丰富的第一手资料，对纷乱复杂、相互矛盾的记载进行分析比较，去粗取精，去伪存真，对史事进行仔细审慎的考证查核，这就是考证历史。这项工作虽然烦琐，要耗费很多精力，但为了使历史接近真实，考证工作是历史研究中不可超越、不可缺少的环节。

最后是解释历史。历史学家不但要告诉人们历史上发生过什么事情，而且要说明事情如何发生，因何发生，即探究历史的因果，揭示历史的规律，使人们更加深刻地理解历史，接受经验教训。司马迁总结他写史的目的是"究天人之际，通古今之变，成一家之言"，也就是要研究客观与主观的相互关系，弄清古往今来的发展变化，形成自己的思想观点，这就是对历史的解释。

叙述、考证、解释历史，三者是统一的。而我由于主客观条件的限制，治学成绩很微小，只能在整理和叙述历史方面做了一些工作，而在解释历史方面只有某些尝试。我的几部作品和许多论文大多是宏观性地整理和叙述史事，做出某些解释。只有《一六八九年的中俄尼布楚条约》偏重微观的研究，稍稍具考史的风格。我毕生研究清代历史，孜孜以求，希望把叙史、考史与释史统一起来，但这始终是我渴望而未曾达到的理想境界。

我和清史 *

　　清史是我的专业，我将毕生的精力贡献给它。可说是寝于斯，食于斯，学于斯，行于斯。清史是我理念之归宿，精神之依托，生命之安宅。

　　阅读和研究清史犹如站在高山之巅，凝视先人们走过的那段路程，有喧嚣的朝市、血洗的战场，也有崎岖的山径、冷漠的村庄，一幕又一幕不同的历史场景显示在眼前。

　　阅读和研究清史犹如漂荡在汪洋大海之中，政治、经济、军事、文化、外交、社会生活众多的浪潮奔腾澎湃，一个个像雪花似的喷溅，缤纷多彩，目不暇接。

　　阅读和研究清史犹如谛听一曲优美的交响曲，有金戈铁马之雄健，有缠绵悱恻之哀怨，有勇往直前之奋进，有神态自若之淡定，各种情感交替迸发，交织映现。

　　阅读和研究清史，展示三百年封建王朝的际遇和命运，匆忙地奔驰过兴、盛、衰、亡的轮回，从盛世的辉煌走向末世的凄凉，其间的经验教训使人感慨，发人深省。

　　现在呈献给读者的这本书大部分是讲清史的，讲清朝的人和事，讲清朝的兴、盛、衰、亡，讲近年来我所从事的清史编纂工作。

　　我常读清史，爱读清史，也常写和爱写清史文章，尤其进入老年专嗜清史，几乎摒弃其他书籍于不观，谢绝其他文章而不作，集中精力，专骛清史，专写清史。因为清史的书籍和资料浩瀚广博，无穷无尽，就是毕生专读清史也只能读极小部分。人的生命太短促，只能就广阔无垠的清史知识海洋中掬取一勺之水，或观其大体态势，

＊　原载《东吴学术》，2010 年第 2 期。

或测其某个角落，并不能达到全真和全知。"吾生也有涯，而知也无涯"，这句话，我到老年体会得越来越真切。

清史研究是自己的工作、专业与职责，我刻志自励，以至诚之心力求敬业，用探索精神去追求未知，用怀疑精神去发现问题，用勤奋精神去搜寻资料，用科学精神去分析疑难，用理性精神去阐释历史，在客观历史千变万化的运动发展中寻求其规律，真实地、清晰地揭示历史的真相。司马迁说"究天人之际，通古今之变，成一家之言"，我材质驽钝，难期高明，虽不能至，而心向往之。

"暮年多见世上客，未识真容已白头"，说的是人到暮年，见多识广，但还没有能了解世人和世事。其实做学问比这还要难，因为每一种学问，广阔无比，其深难测，学问要靠积累才能成熟。清朝灭亡还不到一百年，清史研究今天还处在起步阶段。我们清史学科以至整个社会科学必须更加努力、更多积累、更善创新、更快前进。中国需要更成熟的社会科学、更成熟的历史学和清史学，因为这是提高民众文化素质之必需，加强爱国主义教育之必需，深入了解国情以建设中国美好将来之必需。我相信：中国的社会科学、历史学和清史学发展将越来越成熟，积累将越来越丰厚，研究将越来越精深，在本世纪内为中华民族的文化复兴做出辉煌贡献。

图书在版编目（CIP）数据

治史入门/戴逸著. --北京：中国人民大学出版
社，2021.10
ISBN 978-7-300-29808-5

Ⅰ.①治… Ⅱ.①戴… Ⅲ.①史学-文集 Ⅳ.
①K0－53

中国版本图书馆 CIP 数据核字（2021）第 174736 号

治史入门

戴逸　著

Zhishi Rumen

出版发行	中国人民大学出版社			
社　　址	北京中关村大街 31 号		**邮政编码**	100080
电　　话	010－62511242（总编室）		010－62511770（质管部）	
	010－82501766（邮购部）		010－62514148（门市部）	
	010－62515195（发行公司）		010－62515275（盗版举报）	
网　　址	http://www.crup.com.cn			
经　　销	新华书店			
印　　刷	涿州市星河印刷有限公司			
规　　格	160mm×230mm 16 开本		**版　　次**	2021 年 10 月第 1 版
印　　张	8.25 插页 3		**印　　次**	2021 年 10 月第 1 次印刷
字　　数	104 000		**定　　价**	49.00 元